ALEXANDRE RIBOT

LETTRES A UN AMI

SOUVENIRS
DE
MA VIE POLITIQUE

SEPTIÈME ÉDITION

ÉDITIONS BOSSARD
43, RUE MADAME, 43
PARIS

1924

LETTRES

A UN AMI

ALEXANDRE RIBOT

LETTRES
A UN AMI

SOUVENIRS

DE

MA VIE POLITIQUE

ÉDITIONS BOSSARD
43, RUE MADAME, 43
PARIS
1924

Ces Lettres ont été écrites en 1920, à l'exception de la Lettre quatrième, qui est datée du 15 mai 1921.

LETTRES A UN AMI

SOUVENIRS DE MA VIE POLITIQUE

LETTRE I

VOUS m'avez souvent pressé, mon cher ami, d'écrire des souvenirs de ma vie politique. Vous savez la répugnance que j'ai à remuer les choses mortes du passé. J'ai voulu plusieurs fois prendre la plume ; elle m'est toujours tombée des mains, après quelques essais. Vous êtes revenu à la charge et vous m'avez demandé de vous adresser des lettres où je pourrais passer plus aisément d'un sujet à l'autre et laisser courir mes souvenirs sans m'astreindre à un ordre sévère. Vous m'avez promis de me faire connaître votre sentiment et de provoquer des éclaircissements sur les points qui vous paraîtraient obscurs. Je me sentirai excité et soutenu par l'intérêt que vous porterez à mes lettres et cette collaboration me rendra ma tâche plus facile et plus agréable. Je vous obéis donc et, sans autre préambule, j'entre en matière en vous contant comment le 26 août 1914 je suis devenu ministre des finances.

Dans cette journée du 26 août les plus mauvaises nouvelles nous étaient venues de nos armées. On croyait que nous nous battions aux environs de Charleroi et, tout à coup, nous apprenions que nous étions en retraite sur la Somme. M. Clemenceau m'avait fait prier de me trouver le soir chez le président de la Chambre des députés, M. Paul Deschanel, pour m'y rencontrer avec un adjoint et des conseillers municipaux de Lille qui devaient nous parler du péril que courait cette ville d'être occupée par l'ennemi, sans que rien fût tenté pour la mettre en état de défense. Le président du Sénat, M. Antonin Dubost, assistait aussi à cette petite réunion. Il fut décidé que les deux présidents se rendraient à l'Élysée pour exprimer au président de la République les craintes qu'ils éprouvaient.

A l'Élysée, on s'occupait en ce moment même de reconstituer le ministère de M. Viviani en y faisant entrer M. Briand, qui devait être vice-président du Conseil et ministre de la justice, M. Delcassé, qui reprenait les affaires étrangères,

M. Millerand, qui retournait au ministère de la guerre. On faisait appel à deux socialistes : M. Sembat, qui acceptait le portefeuille des travaux publics, et M. Jules Guesde, qui prenait place dans le Cabinet comme ministre sans portefeuille.

En rentrant chez moi vers dix heures du soir, je trouvai un télégramme de M. Viviani qui me priait de me rendre au ministère de l'intérieur. Les nouveaux ministres y étaient réunis avec quelques membres de l'ancien Cabinet. M. Viviani me demanda, sans autre explication, si je me chargerais du portefeuille des finances. On ne me laissait pas le temps de réfléchir. Il fallait accepter sur-le-champ ou décliner l'offre qui m'était faite. Vous eussiez senti comme moi qu'un refus, après les nouvelles que nous venions de recevoir, était une faiblesse. Je pris le parti d'accepter à tous risques la proposition de M. Viviani.

La situation était plus grave encore que je ne le supposais. Il n'était pas sûr que, dans leur retraite, les armées françaises les plus proches de nous pussent s'arrêter derrière la Marne et qu'elles ne fussent pas obligées de reculer jusqu'à la Seine avant d'essayer de faire front à l'ennemi. Que deviendrait Paris ? Le gouvernement ne serait-il pas forcé de l'abandonner ? Avec quelles ressources ferait-on face aux dépenses de la guerre ? Quand on aurait épuisé l'avance de trois milliards de la Banque de France comment pourrait-on vivre ?

Dans l'inquiétude et le désarroi des premiers jours de la guerre, on avait ajourné la liquidation des opérations à terme, prorogé les échéances des effets de commerce et autorisé les banques à ne rembourser qu'une partie minime des dépôts à vue. Aurait-on, avec un peu plus de hardiesse et de décision, pu éviter de recourir à toutes ces mesures ? La Banque de France, effrayée de la charge qu'elle allait assumer de fournir aux dépenses de l'État après être venue en aide aux banques en escomptant une partie de leur portefeuille, n'aurait-elle pas pu fournir quelques centaines de millions de plus pour faciliter la liquidation des engagements à la Bourse ? D'autre part, les principales banques n'avaient-elles pas les moyens de tenir leurs guichets ouverts, et n'eût-il pas suffi qu'elles offrissent de rembourser tous les dépôts, pour que les déposants, immédiatement rassurés, renonçassent à réclamer leur argent ? Si l'une de ces banques avait une situation plus embarrassée, ne pouvait-on pas trouver une combinaison pour la tirer d'affaire ? Il est malaisé de répondre à toutes ces questions. L'exemple de l'Angleterre n'est pas décisif, parce que l'Angleterre n'était pas envahie comme nous l'étions nous-mêmes, et que telle mesure qui a suffi en Angleterre pour mettre fin à la panique et rétablir la confiance aurait bien pu ne pas suffire chez nous dans l'état où nous étions. Je me garde de critiquer ce qui a été fait avant moi entrée au ministère des finances. Mais la situation que j'ai trouvée était, vous en conviendrez, singulièrement embarrassante. Qu'aurait pu faire à ma place le plus grand financier ? Il fallait prendre les choses comme elles étaient et ne pas se figurer qu'on pût les changer en un instant.

Le temps allait d'ailleurs nous manquer. A peine étais-je installé, qu'un Conseil extraordinaire était convoqué pour décider si on devait quitter Paris. C'était un dimanche, je m'en souviens. On avait appelé à ce Conseil les présidents des Chambres, M. Antonin Dubost et M. Paul Deschanel. Quelques minutes auparavant, nous avions entendu le général Galliéni qui venait d'être appelé au gouvernement militaire de Paris. Il nous avait dit que Paris ne pouvait pas être défendu, ce qui voulait dire qu'il ne pouvait l'être qu'en dehors de Paris lui-même ; on ne devait donc pas attendre l'ennemi dans Paris. Le général Joffre nous pressait de transporter au loin le siège du gouvernement. Il n'y eut

qu'une courte délibération. On décida de s'en
aller à Bordeaux. Une question fut soulevée par
M. Antonin Dubost : ne convenait-il pas de
réunir les Chambres et de leur expliquer publiquement les raisons de notre départ ? M. Viviani
craignit qu'une communication faite à la Chambre
des députés n'amenât un débat sur la situation
militaire. Il opina pour un départ silencieux du
gouvernement. Nous eûmes tort, je crois, de
nous ranger à son avis. Ce départ, dans les conditions où il eut lieu, la nuit, à la gare d'Auteuil,
ressembla trop à une fuite. Il eût mieux valu
parler aux Chambres et au pays, montrer qu'on
était résolu aux derniers sacrifices plutôt que de
céder à la menace de l'Allemagne. Les Chambres
auraient eu le même élan de patriotisme qu'au
4 août. Le gouvernement eût été fortifié plutôt
qu'affaibli. Nous avons senti dès notre arrivée
à Bordeaux la faute qui avait été commise.
Malgré l'invitation qui avait été faite aux députés
et aux sénateurs de se rendre à Bordeaux, un
décret de clôture mit fin à la session des Chambres,
et le ministère se trouva seul pour porter les
responsabilités de la guerre.

Le général Galliéni nous avait parlé de la
nécessité d'évacuer militairement Paris. J'étais
troublé à la pensée de ce qu'un tel abandon
pouvait produire dans l'esprit de la population

de Paris. Je m'en ouvris avec M. Léon Bourgeois qui n'était pas moins inquiet que moi et, à la suite de cet entretien, j'allai faire part au président de la République de nos appréhensions. M. Poincaré était dans le même état d'esprit. Il appela le Conseil à en délibérer. On décida que Paris ne pouvait être abandonné qu'après avoir été défendu. Mais la seule façon efficace de le défendre n'était-elle pas de livrer bataille en dehors de ses murs ? Le général Galliéni avait raison quand il disait que Paris ne pouvait être défendu dans Paris. Cependant, lorsque M. Millerand lui fit part de la décision du Conseil, il se borna à poser cette question : « Le gouvernement entend-il que Paris soit défendu à outrance ? — Oui », répondit le ministre de la guerre. Cela signifiait que si l'entrée de Paris venait à être forcée on ferait sauter les ponts et qu'on se battrait dans les rues. La victoire de la Marne a heureusement écarté l'horrible perspective d'une bataille qui eût été la cause de ruines irréparables.

Notre arrivée à Bordeaux le matin fut d'une morne tristesse. Nous cherchâmes des installations de fortune pour les délégations des ministères que nous avions emmenées de Paris. Le ministère de la guerre s'était transporté presque tout entier ; mais les autres ministères n'étaient représentés que par des états-majors de directeurs et un petit nombre d'employés. Le gros des services était resté à Paris. J'avais, avant de partir, fait payer à tous les fonctionnaires deux mois de traitement. J'avais remis à M. Appell, président du Secours national, un mandat sur la Banque de France d'une somme très importante dont il disposerait suivant les nécessités pour venir en aide à la population. La Banque de France avait mis en sûreté son encaisse et avait pris les précautions nécessaires pour détruire, au besoin, la réserve de ses billets. Quant aux établissements de crédit, ils s'étaient refusés, sur l'avis de leurs conseils juridiques, à transférer hors de Paris les titres de leur clientèle. Que serait-il arrivé si les Allemands avaient mis la main sur Paris ? Quel effort n'aurait-il pas fallu faire pour ramener à Bordeaux les fonctionnaires que nous avions laissés à Paris et assurer la marche des affaires, sans dossiers et sans archives !

Nous nous installâmes tant bien que mal à Bordeaux dans les locaux de la faculté de médecine, et c'est dans le cabinet du doyen, obligeamment mis à ma disposition, que j'ai passé les mois de septembre, d'octobre et une partie du mois de novembre. Nous avions tous les matins un Conseil des ministres à la préfecture où habitait le président de la République. M. Poincaré tenait à rester en contact étroit et permanent avec les ministres. Cela se comprend à merveille ; mais il y avait des pertes de temps, et ces longues séances du matin se passaient en conversations plus encore qu'en véritables délibérations.

Le rôle du président de la République est en tous temps malaisé à remplir. La difficulté est surtout grande quand il est confié à un homme jeune, qui a conscience de sa valeur et qui tient à ne pas s'effacer derrière ses ministres. Le président n'est pas légalement responsable. Mais que pèsent les fictions constitutionnelles auprès des réalités ? Si la France avait été vaincue, le président, quoique irresponsable, eût partagé aux yeux du pays, avec ses ministres, toutes les responsabilités de la défaite. Il avait le devoir de se tenir informé de toutes choses, d'avoir une opinion sur toutes les questions où le sort du pays était engagé et de chercher à la faire prévaloir. C'est dans les réunions du Conseil des ministres qu'il pouvait le plus efficacement peser sur les décisions à prendre, en dirigeant les discussions, en amenant les ministres à partager son sentiment, quelquefois contre l'avis du président du Conseil. Lorsqu'il y avait eu accord entre le président de la République et le président du Conseil. les délibérations étaient plus brèves et moins fréquentes. Mais quand le président de la République n'approuvait pas la direction de la politique extérieure, comme il est arrivé sous le ministère de M. Briand pour les affaires de Grèce, les discussions en Conseil se prolongeaient d'une manière insolite ; le président de la République y intervenait et engageait avec le président du Conseil des dialogues, qui, plus d'une fois, ont dégénéré de part et d'autre en des violences de langage. Pendant les trois années que j'ai passées au ministère j'ai vu de près l'action de M. Poincaré. Elle s'est toujours exercée pour que la guerre fût menée avec la plus grande vigueur. Le président n'a jamais laissé soupçonner qu'il pût avoir le moindre doute sur l'issue finale. Il a toujours montré le plus grand sang-froid en apprenant les plus mauvaises nouvelles. Je me souviens du calme avec lequel il suivait avec nous les progrès de l'attaque allemande contre Verdun. Ni sa voix, ni son attitude n'ont trahi à aucun moment la moindre défaillance. Que serait-il advenu de lui si nous avions succombé dans la lutte ? Quelle effroyable impopularité se serait attachée à son nom ! Il en avait le sentiment, mais il se raidissait pour ne pas laisser voir ses inquiétudes, et, quoi qu'on pense de la politique qu'il a suivie avant et pendant la guerre, on ne peut pas ne pas rendre hommage à la force d'âme qu'il a montrée pendant ces années si longues et si pleines de tragiques émotions.

LETTRE II

NOTRE premier souci, en arrivant à Bordeaux, devait être d'assurer au Trésor public les ressources nécessaires. Les impôts rentraient mal dans toute la France et ne rentraient plus du tout dans les départements envahis, c'est-à-dire dans la partie la plus riche de notre territoire. Pouvions-nous faire un grand emprunt, comme M. Lloyd George en Angleterre ? On s'est étonné que je n'aie pas suivi cet exemple. Pourquoi, au lendemain de la bataille de la Marne, n'avons-nous pas adressé un appel au pays ?

Quand on pose aujourd'hui cette question, on oublie l'état de la France en septembre 1914.

On avait pu faire un emprunt en Angleterre qui n'était pas envahie comme la France, où les impôts rentraient en abondance, où les banques n'avaient pas suspendu la restitution des sommes dues aux déposants. Encore M. Lloyd George avait-il rencontré de grandes difficultés, dont j'ai eu la confidence lors de son voyage à Paris en février 1915. Qu'eût-il pu faire à notre place ? Imagine-t-on qu'il aurait eu l'imprudence d'ouvrir une souscription publique, alors que tous les fonds déposés dans les banques se trouvaient immobilisés par le décret qu'avait fait signer mon prédécesseur ?... J'ai cru qu'il était sage de ne pas risquer un échec ou un demi-succès qui aurait eu les pires conséquences. Nous verrions plus tard, quand l'horizon serait éclairci, si l'heure n'était pas venue de lancer un grand appel au crédit. Pour le moment, d'accord avec mes collègues, je tournai d'un autre côté mes regards.

Je songeai d'abord à m'assurer le concours de la Banque de France pour une nouvelle avance de trois milliards de francs qui nous donnerait quelques mois de sécurité. Les dépenses de guerre n'étaient pas dans ces premiers mois ce qu'elles ont été depuis. En septembre 1914 elles n'ont pas dépassé 900 millions de francs. Mais je prévoyais que la guerre serait longue, et j'ai tenu à l'écrire dans la lettre que j'ai adressée le 18 septembre au gouverneur de la Banque de France.

Je me rendais parfaitement compte que nous ne pourrions pas nous borner à faire des emprunts à la circulation fiduciaire. C'est un moyen trop facile et trop dangereux pour qu'on n'en use pas avec une grande prudence. Aucun des pays qui ont été engagés dans la guerre, à l'exception des États-Unis, n'a échappé à la nécessité d'y recourir. L'Angleterre n'a pas augmenté très sensiblement la proportion des billets de la Banque, qui a été réglée par l'acte de sir Robert Peel ; mais elle a émis des billets d'État pour des sommes considérables. Seuls les États-Unis n'ont pas eu besoin de faire usage de cet expédient ; aussi ont-ils été seuls avec le Japon, parmi les belligérants, à maintenir la parité avec l'or de leur monnaie fiduciaire.

Quand j'ai quitté le ministère des finances en mars 1917, après deux ans et huit mois de guerre, la circulation des billets de la Banque de France, qui était de près de 6 milliards avant la guerre, ne dépassait pas 18 milliards. Si on tient compte de ce que la circulation de l'or dans le pays, évaluée à 4 milliards, avait été remplacée par une émission de billets, et aussi de ce que les paiements faits par l'État avaient pris une

ampleur sans précédent et exigeaient une provision de monnaie beaucoup plus considérable
qu'en temps normal, cette somme de 18 milliards
n'avait rien qui dût nous inquiéter. Il sera facile
d'ailleurs de montrer que la hausse générale des
prix, — qui est une des conséquences de l'excès
de la circulation fiduciaire — ne s'est fait sentir
sérieusement qu'à partir de l'année 1917. Elle
a tenu, au surplus, à d'autres causes, sur lesquelles je m'expliquerai plus tard, si j'en ai le
loisir.

La Banque de France avait pour gouverneur
en septembre 1914 M. Georges Pallain qui était
à sa tête depuis 1898. Doué d'une intelligence
vive, connaissant bien les hommes et les affaires,
jaloux de son autorité et quelque peu ombrageux
dans ses rapports avec les sous-gouverneurs et
avec les régents, M. Pallain était prompt à s'inquiéter de ce que deviendrait la Banque dans
cette grande crise ; mais il avait le sentiment
profond de ce que la Banque devait à l'État et,
après quelques résistances et quelques boutades,
il finissait toujours par consentir à nos demandes.
Il avait pour conseiller principal à Bordeaux le
baron Édouard de Rothschild, un des plus jeunes
régents de la Banque de France, à qui sa situation
de fortune et le souvenir de son père, Alphonse
de Rothschild, donnaient, dans le conseil général

de la Banque, une influence justifiée d'ailleurs par des mérites personnels et par l'empressement qu'il mettait, en toutes circonstances, à concilier les intérêts de l'État avec les intérêts de la Banque elle-même.

On peut juger dans les temps de crise, de l'avantage qu'il y a à ne pas confondre, pendant la paix, le crédit de la Banque et le crédit de l'État. Il ne s'agit pas de mettre en parallèle ces deux crédits, ni de se demander ce que deviendrait le crédit de la Banque si l'État n'était pas en mesure de tenir envers elle ses engagements. Ce qui apparaît avec évidence aux esprits non prévenus, c'est que, si l'État avait dû émettre sous sa seule signature, pendant la guerre, 26 ou 27 milliards de papier-monnaie, au lieu de recourir à la Banque, il eût créé dans le pays une véritable inquiétude. On n'eût pas manqué de rappeler l'histoire des assignats. Quand l'État est libre de faire toutes les émissions qu'il veut, on se figure, non sans raison, qu'il ne saura pas s'imposer de limites, et que, pour échapper aux difficultés des emprunts publics et à la nécessité de payer de gros intérêts aux prêteurs, il se laissera aller à multiplier les émissions de papier au delà même de ce qui est indispensable.

La nécessité de s'entendre avec la Banque de France est un frein aux entraînements et aux

imprudences. On l'a bien vu, quand les régents
ont refusé à l'un de mes successeurs de consentir
à de nouvelles avances, sans que l'État fixât une
limite pour l'avenir et s'engageât à faire des
remboursements sur les prochains emprunts.
Engagements difficiles à tenir et qu'on est amené
à proroger, mais qui donnent le sentiment de la
résistance de la Banque, et obligent les ministres
à ne pas compter sur elle pour une extension
indéfinie de la circulation fiduciaire. La Banque
de France a pu garder pendant la guerre la confiance du pays ; ses billets sont connus et acceptés
de tous. Ce serait une grave erreur de ne pas
profiter d'un tel avantage et de mettre le papier-
monnaie de l'État en concurrence avec les billets
de la Banque. — Mais quand il a recours à la
Banque sous la pression de la nécessité, l'État
ne doit pas oublier qu'il sera indispensable
d'assurer, après la conclusion de la paix, le remboursement aussi prompt que possible de sa
dette. « Ce qui fait la force du crédit de la Banque,
disais-je dans ma lettre au gouverneur, et ce
qui lui permet de fournir en temps de guerre à
l'État les ressources dont il a besoin, c'est qu'en
temps ordinaire la circulation des billets est
entièrement garantie par l'encaisse métallique
et par des effets de commerce. Le crédit de la
Banque et celui de l'État ne doivent pas être

confondus ; et lorsqu'une crise comme celle d'aujourd'hui oblige l'État à recourir à la Banque, il ne peut le faire sans danger qu'à la condition de rentrer le plus tôt possible dans l'ordre habituel. »

Le conseil général de la Banque aurait souhaité qu'on pût, dès à présent, prévoir la manière dont les avances seraient remboursées. Cela était évidemment impossible. Tout ce que je pus faire fut de prendre l'engagement d'opérer ce remboursement dans le plus court délai, soit au moyen des ressources ordinaires du budget, soit en prélevant les sommes nécessaires sur les premiers emprunts ou sur les autres ressources extraordinaires dont nous pourrions disposer.

Pour que l'État ne fût pas trop exposé à la tentation de se servir indéfiniment de ces avances, pour lesquelles il ne payait qu'un intérêt très réduit (1 %, ramené depuis à 0,50 %), je suggérai moi-même de porter à 3 % l'intérêt sur les avances après le délai d'un an à partir de la cessation des hostilités. Il ne pouvait être question d'employer les sommes que toucherait ainsi la Banque à augmenter le dividende de ses actionnaires. On eût trop justement reproché à la Banque de profiter des malheurs publics. Je proposai donc au conseil général de créer, au moyen de cette différence d'intérêt de 2 %.

un fonds de réserve pour couvrir les pertes que la Banque devait prévoir sur le montant de son portefeuille. Rien n'était plus légitime. La Banque, en temps de crise, vient en aide aux autres banques, en escomptant des effets de commerce qu'elle ne peut mettre en recouvrement avant la fin de la guerre. Elle s'expose à des risques, qu'elle ne serait pas sûre de couvrir avec les intérêts que le décret de prorogation des échéances promulgué par mes soins en septembre 1914, lui a permis de mettre à la charge des débiteurs. Le montant du portefeuille de la Banque s'est élevé en octobre 1914 jusqu'à 4 milliards 470 millions. On voit l'importance des risques en face desquels la Banque se trouvait placée. Qui eût pu dire que, si on n'avait pas pris quelque mesure pour garantir la Banque contre un pareil danger, le crédit du billet de banque n'eût pas été, dans une certaine mesure, menacé ? Ce n'est d'ailleurs qu'une précaution, et si, comme l'événement l'a heureusement montré, les pertes de la Banque sur le portefeuille sont loin d'épuiser le fonds de réserve, il a été entendu que le surplus disponible serait employé à l'amortissement de la dette de l'État envers la Banque.

Nous ne pouvions pas, je crois, marquer d'une manière plus énergique l'intérêt qu'a l'État à se libérer le plus tôt possible. Aussi la convention du 21 septembre n'a-t-elle soulevé aucune critique. Elle a été ratifiée à l'unanimité par la Chambre des députés et par le Sénat.

Puisque j'en suis sur le chapitre de la Banque de France, je veux vous dire un mot du parti qu'elle avait pris de ne plus publier ses états hebdomadaires de situation. Le gouverneur alléguait la difficulté d'obtenir des succursales des chiffres exacts. En réalité, la Banque croyait qu'elle aurait plus de liberté pour venir en aide à l'État, si elle n'était pas obligée de faire connaître semaine par semaine la marche ascendante des avances et de l'émission des billets. J'eus quelque peine à lui faire comprendre que c'était une fausse politique et qu'il valait mieux habituer le pays à regarder en face la vérité. La publication des états de situation a été reprise en janvier 1915. Dès les premiers jours d'octobre, j'indiquai, dans une conversation qui fut rendue publique, que le montant des billets en circulation avait passé de 6 milliards en juillet 1914 à 9 milliards 300 millions. L'encaisse en or était à ce moment de plus de 4 milliards (4.092 millions). Il n'y avait donc aucun motif de s'inquiéter. Appliquons-nous, disais-je, à ramener la confiance. « Croyez bien que c'est la vraie politique à suivre en temps de crise comme en tout temps. Nous arriverons assez vite, je l'espère, à supprimer les mesures qu'on a été obligé de prendre au début de la guerre. La prorogation des échéances, l'ajournement de la liquidation à la Bourse de Paris, les délais accordés aux établissements de crédit pour rembourser les sommes en dépôt ou en compte courant, ont jeté un grand trouble... Surtout ayons confiance, nous avons les meilleures raisons d'être optimistes ; et si l'optimisme est une vertu en temps de crise, nous n'avons pas beaucoup de peine à la pratiquer en ce moment. »

LETTRE III

PUISQUE nous ne voulions pas faire un emprunt et que nous ne pouvions pas vivre uniquement du produit des impôts et de l'avance de la Banque de France, il fallait trouver ailleurs des ressources.

Au cours de ses conversations avec moi, M. Pallain me parla de l'idée qu'avait jetée en passant, dans son journal *le Rentier*, M. Neymarck, d'émettre dans le public des bons du

Trésor, en leur donnant le nom de bons de la Défense nationale. L'idée me plut et je m'y attachai, quoique autour de moi parmi les fonctionnaires, et même au dehors parmi les financiers, elle ne rencontrât que scepticisme ou indifférence.

Les bons du Trésor n'étaient placés jusqu'alors que dans une clientèle très restreinte et toute spéciale. Les banques, les chambres de commerce, les compagnies de chemins de fer, quelques particuliers en relation avec le ministère des finances, étaient seuls invités à souscrire aux émissions qui se faisaient sous le manteau de la cheminée. En Angleterre, le Trésor faisait appel à la concurrence des banques, et les bons étaient attribués à celles qui faisaient les meilleures offres. De toute manière, dans les deux pays, le public était tenu à l'écart.

Comment faire comprendre à ce public qu'il y avait là pour lui un moyen commode et avantageux de placer momentanément ses épargnes et ses fonds disponibles ? Il fallait lui offrir des conditions d'une grande simplicité que tout le monde pût comprendre, affranchir de tout formalisme la délivrance et le remboursement des bons ; dispenser les souscripteurs de se faire connaître et leur ouvrir largement non seulement les guichets des agents des finances, mais encore ceux de tous les bureaux de poste ; et enfin organiser une publicité permanente qui fît, en quelques semaines, l'éducation du public.

Je demandai le 13 septembre au Conseil des ministres de m'autoriser à émettre des bons à trois mois, à six mois ou à un an, portant un intérêt de 5 %, payable d'avance au moyen d'une réduction du prix du bon, de sorte que pour un bon à un an de 100 francs l'acheteur n'aurait à débourser que 95 francs. Il y aurait des bons de 100 francs, de 500 francs, de 1.000 francs et de toutes sommes supérieures jusqu'à 1 million. Les bons devraient être au porteur et ne seraient susceptibles d'aucune opposition. Ils pourraient donc passer de main en main avec la même facilité qu'un billet de banque. M. Helfferich, ministre des finances d'Allemagne, a essayé un jour de faire rire à mes dépens le Reichstag en lui expliquant que les bons se vendaient au détail comme des coupons de drap à tous les comptoirs du Trésor, et il a cru faire un trait d'esprit en les décorant du nom de « ribotins ». C'est bien cela que j'avais voulu ; les bons de la Défense nationale devaient être offerts et vendus comme une marchandise qu'on trouverait partout et qu'on pourrait acheter et mettre en réserve sans être obligé de se faire connaître.

Le Conseil des ministres approuva mes propositions, qui furent immédiatement sanctionnées par un décret du 13 septembre.

Ce n'était rien que d'avoir tracé le plan de l'opération. Il fallait faire, en même temps que l'éducation du public, celle des agents du Trésor. Vous n'imaginez pas ce que les fonctionnaires laissés à eux-mêmes sont capables d'inventer pour compliquer les affaires. Figurez-vous qu'on n'avait rien trouvé de mieux que d'obliger les trésoriers généraux à envoyer à l'administration centrale des bordereaux nominatifs de toutes les demandes qui leur parvenaient. C'est seulement après examen de ces bordereaux, qu'on leur expédierait les bons à délivrer soit par eux-mêmes, soit par les comptables, soit par les bureaux de poste. Vous jugez de la complication et des lenteurs qu'entraînaient les transmissions et la vérification minutieuse de ces bordereaux. L'administration centrale renvoyait, pour qu'ils fussent corrigés, les bordereaux où elle découvrait une erreur ; si bien que tout était arrêté et qu'il eût fallu des semaines ou des mois pour la remise des bons aux souscripteurs... Ah ! la belle besogne que nous aurions faite ! Pour justifier toutes ces complications vous pensez bien qu'on ne manquait pas de raisons. Il fallait, me disait-on, éviter les erreurs et se réserver le moyen de les réparer. Qu'arrivera-t-il, par exemple, si on ne demande pas au souscripteur d'un bon de remplir lui-même une formule imprimée où il aura soin de donner son adresse ? Comment le retrouvera-t-on si une erreur a été commise à son préjudice ?... Rien n'est plus difficile que de changer des habitudes, que d'abolir des routines. Si j'avais cédé, tout était perdu ; car le public se serait vite dégoûté d'attendre pendant des semaines la délivrance d'un bon, et beaucoup de souscripteurs n'auraient pas été fort aises de laisser aux mains du fisc le relevé, signé par eux, de tous les bons qu'ils pouvaient avoir mis dans leur portefeuille. Je prescrivis d'approvisionner de bons tous les comptables et tous les bureaux de poste, de sorte que toute personne pût acheter un bon et se le faire délivrer immédiatement sans avoir à donner son nom et son adresse.

C'est là ce qui a fait la fortune des bons de la Défense nationale. L'intérêt qu'ils produisent est élevé, — trop élevé même, si on le compare à celui des premiers emprunts faits pendant la guerre. Mais c'était une condition du succès si on voulait qu'il fût rapide et considérable. On l'a quelque peu réduit plus tard pour les bons à 6 mois (4 1/2 %) au lieu de 5 %, et pour les bons à 3 mois (4 %). Il a été maintenu à 5 %

pour les bons à un an. Un autre avantage des bons, quelle que soit leur durée, c'est qu'ils sont admis, par préférence, en paiement des souscriptions à tous emprunts de l'État pour leur valeur d'émission, compte tenu de l'intérêt acquis au jour de la reprise.

Il n'est presque pas une maison aujourd'hui en France où on ne trouverait au moins un bon de la Défense nationale. Songez qu'à l'heure où je vous écris, il en a été émis pour plus de cent milliards et que, compte tenu des remboursements et des versements pour la libération de souscriptions à des emprunts d'État, il en reste dans le public pour 46 milliards de francs. Petites économies des travailleurs et des domestiques, placements temporaires des rentiers, réserves des agriculteurs en quête de l'achat d'une terre, fonds de roulement des commerçants et des industriels, disponibilités des banques qui ont trouvé un moyen commode de faire valoir les fonds qui leur sont confiés en dépôt ou en compte courant, voilà les mille sources d'où sont arrivés au Trésor ces milliards indispensables pendant la guerre et encore nécessaires après la guerre. Qu'aurions-nous fait si nous n'avions eu pour alimenter cette énorme machine de la Trésorerie que les avances de la Banque de France et les emprunts à long terme ? Nos bons de la Défense nationale ont été imités partout, notamment en Angleterre et en Italie. Ils ont été l'un des plus grands ressorts de nos finances de guerre et leur succès, qui a dépassé toutes les prévisions, est un des traits les plus originaux de l'histoire de ces cinq années.

Je n'ai pas encore eu l'occasion de vous dire que l'émission des bons a surtout pris son élan du jour où la Banque de France a bien voulu décider que les bons n'ayant pas plus de trois mois à courir pourraient être escomptés comme des effets de commerce. C'est une facilité pour les particuliers qui veulent garder des disponibilités ; c'est surtout une garantie pour les banques, qui sont assurées de pouvoir, en cas de nécessité, faire escompter leur portefeuille de bons aussi bien que leur portefeuille d'effets de commerce. Cette disponibilité des bons, qui fait qu'on tend à les considérer de plus en plus comme des billets de banque à intérêt, est un avantage pour leurs détenteurs. Elle est en revanche un inconvénient en ce qu'elle augmente l'inflation fiduciaire et contribue à la hausse générale des prix. On a aggravé cet inconvénient en créant des bons à un mois qui, s'ils ne sont pas présentés à l'échéance, deviennent des bons à vue, productifs d'un intérêt de 3,60 %.

Si j'avais écouté les avis que me donnait dans

une lettre du 18 mai 1916 le président de la commission du budget de la Chambre des députés, j'aurais demandé à la Banque de France d'ouvrir à toute personne un compte courant d'avances garanties par un dépôt de bons de la Défense nationale et de n'exiger pour ces avances qu'un intérêt de 5 %, — inférieur à l'intérêt des bons à un an puisque, grâce au paiement anticipé, cet intérêt est de 5 1/4 % ; — si bien que la Banque de France eût été vite débordée et que les bons de la Défense nationale, pouvant être transformés à tout-moment en monnaie fiduciaire, seraient devenus le principal élément de l'inflation dont la commission du budget ne devait pas être la dernière à se plaindre. Cela montre à quel point il faut se tenir en garde contre les moyens ingénieux que des esprits versés dans les choses de la finance peuvent imaginer pour venir au secours de la Trésorerie dans les moments difficiles.

Le jour où cette lettre m'était écrite, j'avais d'ailleurs accordé la garantie de l'État aux dépôts en compte courant chez les trésoriers généraux et élevé le taux de l'intérêt à servir aux déposants. C'était un moyen légitime et sans dangers d'augmenter les disponibilités du Trésor. Le chiffre des dépôts dans les trésoreries générales était tombé très bas, parce que les trésoriers étaient

de moins en moins des banquiers comme ils
l'étaient autrefois ; qu'ils sont devenus de simples
fonctionnaires, — destinés sans doute à disparaître
le jour où l'on se décidera à faire tous les paiements de l'État par des chèques sur la Banque
de France ou par des chèques postaux (délivrés
par des payeurs qui n'auront pas de caisse ni de
guichets), et où on organisera un meilleur système
de contrôle de la perception des impôts. Quoi
qu'il en soit, il ne fallait rien négliger pour
augmenter les ressources de la Trésorerie, et le
montant des dépôts chez les trésoriers généraux
s'est relevé très sensiblement.

Puisque j'en suis à vous parler des trésoriers
généraux, je ne puis pas ne pas vous dire quel
désordre la guerre avait mis dans leur comptabilité. Déjà avant la guerre, il y avait des retards.
Le personnel des bureaux, assez mal payé, était
insuffisant. Que serait-ce, alors que le personnel
allait être réduit et que les trésoreries allaient
être accablées d'une foule de besognes nouvelles ? Aussi je m'étonne que nous ayons pu,
au milieu de pareilles difficultés, assurer, même
d'une façon défectueuse, les services les plus
indispensables. Pour faire des économies de
personnel, on avait cessé depuis plusieurs années,
à l'administration centrale, de dépouiller et de
centraliser les comptes mensuels envoyés par

les trésoriers généraux, de sorte qu'on ne connaissait pas l'ensemble des paiements faits pour
le compte des ministères. J'aurais voulu que,
comme en Angleterre, le ministre des finances
fût en état de publier, sinon chaque semaine,
du moins chaque mois, en même temps que le
chiffre des revenus de l'État, un relevé sommaire
des dépenses publiques. Le moment était peut-
être mal choisi. J'ai néanmoins tenté l'expérience
en prescrivant aux trésoriers généraux d'envoyer
un relevé de l'ensemble des paiements faits dans
le mois pour le compte des ministères autres
que ceux de la guerre et de la marine, pour
lesquels un chiffre séparé serait donné. Comme
on faisait, pour des sommes importantes, des
paiements qu'on se réservait de régulariser plus
tard, j'ai demandé que l'on indiquât à la fin de
chaque mois le solde de ce compte. Ces relevés
ont été fournis. Il nous a été impossible d'en
faire concorder les chiffres avec ceux de la direction du mouvement des fonds. C'est que les
trésoriers généraux ne font pas des paiements ni
des recettes seulement pour le compte du Trésor ;
ils sont les caissiers des départements, des communes, des établissements publics, de plus en
plus nombreux. En Angleterre cette complication de comptes n'existe pas. Toutes les recettes
et dépenses faites pour le compte de l'État sont

centralisées à la Banque d'Angleterre et, dès lors, il est possible de suivre, semaine par semaine, le mouvement des fonds par grandes catégories de recettes et de paiements. Il serait désirable qu'on pût arriver à simplifier notre comptabilité publique, à la rendre plus claire et plus intelligible. Le compte général des finances publié chaque année est un grimoire que les inspecteurs des finances eux-mêmes ont peine à déchiffrer. Mais quand pourra-t-on réformer ces méthodes en les simplifiant, et en se disant que la clarté est une des conditions nécessaires pour faire de bonnes finances ?

J'aurais, si je n'étais pressé, quelques détails intéressants à vous donner sur l'organisation du service qu'il a fallu créer au pavillon de Flore pour l'émission des bons, pour la correspondance, le contrôle, la comptabilité. Une armée de fonctionnaires, composée surtout d'éléments féminins, a été recrutée et instruite. Elle est à l'étroit dans les vastes locaux qui lui ont été assignés. Ce qui est remarquable, c'est que des opérations aussi gigantesques aient pu se faire sans qu'on ait eu, jusqu'à présent, à constater des vols et des faux, si ce n'est pour des sommes relativement peu importantes. Je me suis souvent demandé si nos ennemis n'essaieraient pas de contrefaire le modèle des bons, trop facile à imiter dans les premiers temps de l'émission, et si nous ne serions pas inondés de faux papiers. Ce fut un soulagement pour nous d'apprendre que, parmi les bons présentés au remboursement, il n'y en avait pas de contrefaits.

Quant à la publicité, rien n'a été changé à l'organisation du début. L'agent du ministère s'est entendu avec tous les journaux pour contracter des abonnements qui permettent de faire passer chaque semaine de petits articles de propagande. Les frais de cette publicité, quoique assez considérables, sont peu de chose par rapport aux milliards qu'ils ont aidé le Trésor à recueillir. La plupart des journaux ont apprécié pendant la guerre ce supplément de recettes, et aucune plainte ne s'est élevée, parce qu'on n'a pas tenu compte de l'opinion des journaux et que les allocations ont été exactement proportionnées à l'importance des divers organes.

Il est probable que les bons de la Défense nationale survivront pendant longtemps encore à la guerre qui leur a donné naissance. Ni le Trésor ni le public ne voudront s'en passer complètement, et cet instrument, si puissant en temps de crise, sera conservé en temps ordinaire, tout au moins comme un souvenir et une réserve.

LETTRE IV

EN vous parlant, dans mes lettres de l'an dernier, des bons de la Défense nationale, je ne prévoyais pas que l'émission de ces bons pourrait approcher du chiffre de 60 milliards de francs. Nous touchons à ce chiffre et, au train dont nous allons, nous ne tarderons pas sans doute à le dépasser.

D'où vient l'argent qui s'emploie ainsi en bons de la Défense nationale ? Il vient de l'État lui-même, qui continue de faire d'énormes dépenses en excédent des ressources fournies par l'impôt. S'il n'y avait plus ce réservoir des bons de la Défense nationale, les billets de banque au moyen desquels le Trésor public effectue ses paiements s'accumuleraient dans les mains des particuliers. Leur montant figurerait pour un chiffre de plus en plus considérable dans les états de situation hebdomadaires de la Banque de France. On finirait par s'inquiéter de voir ainsi grossir les engagements de la Banque envers le public en même temps que sa créance sur l'État. Grâce au système des bons de la Défense nationale, le trop plein de la circulation des billets de banque s'écoule de lui-même dans le réservoir formé par ces bons à courte échéance et productifs d'intérêt. C'est ainsi que le montant des billets de banque en circulation tend à ne pas dépasser notablement les besoins du public pour ses paiements. Le public n'a pas intérêt à garder dans ses mains plus de billets qu'il ne lui est nécessaire ; il échange donc volontiers l'excédent contre des bons d'où il tire un intérêt très appréciable. Mais il en résulte que les bons de la Défense nationale, n'étant qu'un prolongement de la circulation fiduciaire, contribuent pour leur part à la hausse des prix. Ils seraient en même temps un danger pour la Banque de France dans le cas où le public viendrait à réclamer leur remboursement. Le Trésor serait, en effet, obligé de demander à la Banque le moyen de satisfaire aux exigences des porteurs ; mais ce danger n'est pas très à craindre, le public se rendant compte que les billets de la Banque ne présentent pas plus de sécurité que des bons remboursables à des échéances prochaines, et pouvant être présentés à l'escompte à la Banque de France s'ils n'ont pas plus de trois mois à courir.

On a été naturellement amené à se demander s'il ne serait pas préférable pour l'État de se décharger des intérêts que coûte cette énorme dette flottante, en remplaçant les bons de la Défense nationale par une émission de 60 milliards de billets de banque qui s'ajouteraient aux 27 milliards actuellement en circulation. Mais qui ne voit le danger qu'il y aurait à convertir ainsi la dette de l'État envers les porteurs de bons en une dette envers la Banque de France ? L'État n'aurait plus qu'à puiser sans limites dans le réservoir de la Banque, affranchi qu'il serait de la nécessité de faire constamment appel à la confiance du public pour le placement et le renouvellement des bons de la Défense nationale. Le montant des billets en circulation ne cessant de s'accroître, le public serait de plus en plus embarrassé de cet afflux de papier en excès de ses besoins. La hausse des prix ne ferait que s'accélérer, et par suite l'avilissement de plus en plus grand des billets de la Banque qui auraient finalement le sort des assignats.

C'est pourquoi, si onéreux qu'il soit, le système des bons de la Défense nationale garde en temps de paix les avantages qu'il a eus pendant la guerre. Mais en abusant des facilités qu'il offre, en forçant tous les ressorts, on arrivera à une situation sans issue le jour où les intérêts à payer aux porteurs de bons excéderont les forces du pays. Il faut donc, à tout prix, mettre sans retard en équilibre les dépenses de l'État et les ressources normales dont il peut disposer. Le déficit permanent du budget mène nécessairement à la ruine des finances publiques, quels que soient les expédients par lesquels on essaie d'y échapper pour un temps plus ou moins long.

Ne pourrait-on pas, tout au moins, réduire l'intérêt des bons de la Défense nationale ? Nous n'avons pas osé le faire pendant la guerre. Mais il semble qu'une réduction de 1 % serait aujourd'hui sans danger, le public n'ayant pas d'intérêt à laisser grossir le montant de la circulation des billets de banque au delà du chiffre d'environ 38 milliards de francs auquel elle se maintient en quelque sorte automatiquement.

LETTRE V

DANS cette première quinzaine de septembre 1914 j'ai eu à prendre, sous ma responsabilité, d'autres mesures aussi urgentes et aussi nécessaires. L'emprunt de 800 millions en 3 1/2 % amortissable, fait à la veille même de la guerre, n'était pas classé. Il avait été souscrit quarante fois, mais ce n'était qu'une apparence. En réalité, la plus forte partie était restée dans les mains des intermédiaires et des spéculateurs qui ne cherchaient qu'à s'en débarrasser. Il restait à verser sur l'emprunt environ la moitié, soit 400 millions en chiffres ronds. On pouvait prévoir qu'en raison de la baisse inévitable des titres — qui avaient été émis à 91 francs — beaucoup de détenteurs croiraient avoir intérêt à ne pas se libérer et à faire l'abandon de leurs premiers versements. Si on laissait les titres non classés peser sur le marché de la Bourse, ce serait un embarras pour l'émission des futurs emprunts. L'État avait tout à gagner à faciliter aux détenteurs leur libération et à dégager le marché de ces titres flottants.

C'était de la part du ministre des finances une initiative assez hardie, que d'annuler en quelque sorte l'emprunt 3 1/2 %, en promettant aux porteurs qui se libéreraient dans un certain délai, d'accepter leurs titres en paiement des obligations ou des rentes perpétuelles que le Trésor aurait à émettre prochainement — et de les accepter non pas au taux du jour, mais au taux d'émission, c'est-à-dire à 91 francs. Plus d'un ministre aurait reculé devant la responsabilité d'une telle mesure à prendre en l'absence des Chambres.

Il est évident que le Trésor ne pouvait que perdre en apparence à une telle opération, puisqu'elle revenait en somme à rembourser intégralement les souscripteurs de l'emprunt de 1914, à condition qu'ils souscrivissent pour une somme égale aux nouveaux emprunts, dont l'intérêt serait plus élevé que celui de l'emprunt 3 1/2 % émis à 91 francs. C'était exactement l'inverse des conversions ordinaires ; mais il fallait regarder de plus haut et plus loin. L'État gagnait en réalité plus qu'il ne perdait à traiter avec bienveillance les souscripteurs du dernier emprunt. L'effet moral d'une telle mesure n'était pas à négliger à un moment où l'État avait besoin qu'on eût confiance en lui. Et surtout, je le répète, c'était un moyen qui ne manquait pas d'une certaine élégance d'assainir le marché des fonds publics. Je n'entrerai pas dans les détails de l'opération et je ne vous dirai pas comment la Caisse des dépôts et consignations et la Banque de France voulurent bien nous donner leur concours. En fait, la presque totalité des titres de l'emprunt 3 1/2 % ont été libérés et ensuite convertis soit en obligations de l'État, soit en rentes perpétuelles. Les Chambres ont ratifié, sans aucune critique, une opération qui légalement n'aurait pu être faite qu'avec leur autorisation préalable.

Si le Trésor public avait besoin de se procurer des ressources, les communes et les départements étaient, comme l'État, embarrassés de pourvoir à leurs dépenses, qui s'aggravaient du fait de la guerre, alors que leurs recettes diminuaient. La Ville de Paris était particulièrement dans une situation difficile. Elle demandait à l'État de lui faire des avances. L'État aurait ainsi la charge de la trésorerie des villes et des départements, en même temps que de sa propre trésorerie. J'ai fait signer le 21 septembre un décret qui a autorisé les villes et les départements à émettre des bons remboursables après la guerre ou à des échéances plus courtes. Le Conseil d'État intervenait pour fixer l'importance des émissions, le taux d'intérêt et les époques de remboursement. Nous invitions les villes et les départements à imiter l'État et à placer dans le public, pour leur compte, de véritables bons municipaux ou départementaux de la Défense nationale. Mais les villes se montraient assez timides, — à ce point que la Ville de Paris, résolue à faire une émission de 140 millions de francs, demandait au ministre des finances de souscrire pour la moitié de cette somme, ce que j'ai consenti à faire pour toutes sortes de raisons morales et politiques que vous devinez. La Ville de Paris avait été empêchée de faire, à la veille de la guerre, un emprunt qu'elle jugeait nécessaire, — parce qu'elle devait laisser passer avant cet emprunt celui de l'État. On pouvait lui en tenir compte ; mais ce qui devait surtout nous décider, c'était l'intérêt politique qu'il y avait à aider la Ville de Paris, à maintenir l'excellent esprit qui, soit chez ses élus, soit dans la population, a été pour le gouvernement d'un si puissant secours pour continuer la guerre jusqu'à la victoire finale.

Si j'ai fait preuve de quelque hardiesse en prenant toutes ces mesures, j'aurais voulu en montrer davantage en mettant fin le plus tôt possible à la prorogation des échéances des effets

négociables, et en général à celle des dettes commerciales. Qu'une prorogation fût nécessaire au
lendemain de la déclaration de la guerre, on ne
pouvait le contester. Mais n'était-il pas souhai-
table que nous missions fin — comme l'Angleterre avait pu le faire — à ce moratorium qui
devait favoriser les débiteurs de mauvaise foi,
empêcher la confiance de renaître et substituer
au crédit, dont le commerce a un si grand besoin,
le procédé archaïque des paiements au comptant
qui paralyse les affaires et contribue à l'inflation
de la circulation fiduciaire ? L'assemblée des
présidents des chambres de commerce avait
émis le vœu qu'on procédât le plus tôt possible
à la liquidation du moratorium. M'inspirant de
ce vœu, j'obtins du Conseil des ministres que
le décret publié le 27 octobre pour renouveler
la prorogation, substituât à l'immobilisation des
effets de commerce et à la prorogation pure et
simple des échéances des dettes commerciales
l'obligation pour le débiteur de s'acquitter, s'il
avait les moyens de le faire. Le créancier aurait
le droit d'appeler le débiteur en conciliation
devant le président du tribunal et, sans autre
procédure, sans aucune publicité, le président
accorderait ou refuserait le droit d'intenter des
poursuites en paiement. A défaut d'entente entre
les parties, il aurait fixé des délais et aurait eu

la faculté d'autoriser le débiteur à payer par
acomptes. C'était à peu près ce qu'on avait fait
dans d'autres pays et en particulier en Allemagne.
Mais les débiteurs, et parmi eux des banquiers
et un régent de la Banque de France, s'émurent
à l'idée qu'ils pourraient avoir à se rendre dans
le cabinet d'un juge pour faire connaître leur
situation. Quand je vins à Paris, au commencement de novembre, je m'aperçus que le décret
commençait à être très attaqué. Le Conseil des
ministres m'engagea à ne pas en presser l'exécution. Je me résignai à prendre du champ par
le nouveau décret du 24 novembre. Ce décret
portait que l'on attendrait les résultats d'une
étude plus complète des conditions de la procédure à instituer. En fait, c'était un ajournement
qui allait devenir indéfini dès la réunion prochaine des Chambres. C'est ainsi que le moratorium a duré plus que la guerre elle-même.
Heureusement la disposition que j'avais fait
insérer dans le décret du 29 août 1914 pour
mettre des intérêts moratoires à la charge des
débiteurs a eu les effets qu'on en devait attendre.
Beaucoup de débiteurs se sont acquittés volontairement, les uns par un sentiment d'honneur
très commun chez les commerçants, les autres
par intérêt. C'est ainsi que le portefeuille des
effets prorogés de la Banque de France, qui

s'élevait le 1er octobre à 4 milliards 470 millions,
était descendu au moment de l'armistice à
1 milliard 50 millions. Encore ce chiffre com-
prend-il un grand nombre d'effets dont les débiteurs résidaient dans les pays envahis ou avaient
été mobilisés dès le début de la guerre. Il y aura
à examiner si des mesures bienveillantes ne
doivent pas être prises en leur faveur, en ce qui
concerne le paiement des intérêts. J'en ai pris
l'engagement devant la Chambre des députés.

LETTRE VI

VOUS avez pris connaissance avec intérêt
de mes premières lettres et vous approuvez
en général les mesures que nous avons
adoptées, en l'absence des Chambres, pour aller
au plus pressé. Il vous reste toutefois un doute
en ce qui concerne la difficulté qu'il y aurait eue
à faire un emprunt, après que la victoire de la
Marne eut un peu éclairci l'horizon. L'Allemagne n'a-t-elle pas, comme l'Angleterre, émis

des rentes consolidées sans attendre jusqu'à la fin de 1915 ? Je vais m'efforcer d'éclaircir ce doute dans votre esprit.

D'abord l'exemple de l'Allemagne n'est pas à retenir, parce que la situation de l'Allemagne dans ces premiers mois de la guerre ne pouvait pas être comparée à la nôtre. Elle n'était pas envahie comme nous l'étions ou, du moins, si les armées russes avaient fait une incursion dans la Prusse orientale, la presque totalité du territoire de l'empire était intacte, et surtout le gouvernement et l'administration des finances n'avaient pas été obligés de quitter Berlin. Qu'on se rende compte de la situation que nous avions à Bordeaux, privés que nous étions de presque tous les moyens dont dispose en général le Trésor. La plupart des établissements de crédit, qui contribuaient puissamment à l'émission des emprunts, avaient suspendu leurs opérations. Ils ne remboursaient qu'au compte-goutte les dépôts de leurs clients. Pour faire un grand emprunt, il eût fallu d'abord lever le moratorium des banques. Cela ne pouvait se faire que si la Banque de France consentait à escompter la totalité de leur portefeuille et de leurs avances sur titres. On n'a guère aujourd'hui une idée de la répugnance qu'avait la Banque à s'engager plus avant avec les établissements de crédit. Elle considérait qu'en portant le montant de son portefeuille à près de 4 milliards et demi elle avait fait plus que son devoir, et qu'on ne pouvait lui demander davantage. Si on avait pu décider les banques à rembourser les dépôts, comme elles l'ont fait à la fin de décembre, à la suite de laborieuses négociations et de la promesse du ministre des finances de venir, au besoin, à leur secours, il aurait fallu que le gouvernement ou tout au moins le ministre des finances pût rentrer à Paris et rétablir ses services. Imagine-t-on un emprunt fait dans l'état de dispersion où nous étions au lendemain de la bataille de la Marne ?

Il est curieux, d'ailleurs, de voir comment se font, après coup, les légendes. Ne semble-t-il pas que la victoire de la Marne ait apparu au pays comme elle lui apparaît aujourd'hui, c'est-à-dire comme une sorte de miracle qui renversait la situation et nous était déjà un gage de la victoire finale ? En réalité, elle n'a pas produit sur-le-champ l'effet énorme qu'elle produit aujourd'hui avec le recul des événements et le loisir que nous avons d'en peser les conséquences. La délivrance de Paris, la retraite des armées enne-mies ont été saluées par nous avec un grand soulagement ; mais la bataille se continuait dans de telles conditions que nous respirions encore

à peine. C'était la course à la mer qui se poursuivait entre nous et l'armée allemande. C'était
la menace d'être coupés de nos communications
par le Nord avec l'Angleterre. C'étaient la prise
d'Anvers, et les angoisses que nous éprouvions
en apprenant que les munitions allaient manquer
à nos armées ; et enfin, quand la guerre de tran-
chées s'établissait en octobre, la perspective d'être
condamnés à attendre pendant des mois, sinon
pendant des années, une solution.

Un appel au pays eût certes été entendu si
nous avions eu les moyens matériels de lancer
un emprunt. Mais quelles illusions ne se fait-on
pas après coup, si on croit que cet emprunt eût
apporté au Trésor des milliards comme à la fin
de 1915 ! Il suffit de jeter les yeux sur ce qu'il y
avait, à ce moment, de disponibilités en billets
de banque ou en numéraire, pour se convaincre
de l'impossibilité d'approcher des chiffres qui
ont pu être obtenus après que l'État eut commencé de répandre dans le pays des sommes
énormes par les paiements qu'il faisait au moyen
des billets mis à sa disposition par la Banque de
France. L'argent qui vient à l'État par les emprunts est une sorte de restitution, moyennant
une promesse d'intérêts, de l'argent qu'il a
lui-même dépensé. Veut-on une preuve de la
difficulté que nous aurions eue à faire un emprunt

quelque peu considérable en 1914 ? Qu'on interroge M. Lloyd George ; et s'il veut bien faire les confidences que j'ai reçues de lui, on verra quelles difficultés il a lui-même rencontrées dans un pays qui n'était pas envahi, qui continuait de travailler, qui faisait de gros profits grâce au prix extravagant des frets maritimes, où la guerre n'avait rien désorganisé.

Si j'ai tardé jusqu'à la fin de 1915 à lancer un grand emprunt, c'est, comme je l'ai expliqué à la Chambre des députés (discours du 18 mars 1915), parce qu'en réalité le Trésor pouvait suffire aisément à ses besoins avec l'émission des bons et des obligations de la Défense nationale. Pendant l'année 1915 nous n'avons augmenté notre dette envers la Banque de France que de 1.100 millions. Nous n'étions donc pas pressés, et la Chambre a si bien compris mes raisons qu'elle a fait afficher mon discours. Je voulais me donner le temps de rendre au marché des valeurs son élasticité en facilitant la liquidation des opérations à terme suspendue depuis le mois d'août 1914. C'était la préface nécessaire de toute opération de grande envergure. Je vous dirai, dans une prochaine lettre, comment j'ai réussi à mener à bien cette affaire qui ne laissait pas d'être assez délicate. Mais c'est assez, je crois, pour vous convaincre que nous avons eu des raisons solides de faire comme nous avons fait, et que ceux mêmes qui ne seraient pas de notre avis auraient tort de penser que c'est simplement par défaut de hardiesse que nous avons suivi la politique à laquelle, après réflexion, nous nous sommes arrêtés avec l'adhésion de la Chambre des députés.

LETTRE VII

LE gouvernement ne revint à Paris qu'en décembre. Il se fût peut-être encore attardé à Bordeaux, sur les instances du général Joffre et du ministre de la guerre, s'il n'y avait eu nécessité de convoquer les Chambres avant la fin de l'année, afin d'obtenir le vote, à défaut de budget, de crédits provisoires pour 1915 et l'autorisation de percevoir les impôts.

Je crus qu'il était de mon devoir de présenter aux Chambres un exposé complet de la situation financière et des mesures qu'en leur absence le gouvernement avait été amené à prendre. Cet

exposé — que je tins à écrire tout entier de ma
main — devint la préface du projet de loi sur
les douzièmes provisoires du premier semestre
de 1915. J'en fis une lecture à la commission du
budget de la Chambre des députés. Les journaux
lui donnèrent une large publicité. Ce fut pour
les Chambres et pour le public une grande satisfaction d'apprendre comment nous avions géré
les finances dans cette crise sans précédent, par
quels procédés nous avions pu faire face à toutes
les difficultés, et de quelle manière nous envisa-
gions l'avenir. On me sut gré de ma franchise ;
de la fermeté et en même temps de la modération
de mes appréciations sur le rôle des établissements de crédit ; du ton de confiance résolue et
tranquille avec lequel je faisais connaître les
prévisions du gouvernement quant aux moyens
de continuer la guerre, quelle que dût être sa
durée. Quand je montai à la tribune de la Chambre
des députés pour y déposer le projet de loi, la
Chambre m'accueillit par des applaudissements
sur tous les bancs. J'ai retrouvé, parmi les
nombreuses lettres que j'ai reçues à cette occasion, une lettre de M. Liard, recteur de l'Uni-
versité de Paris, mon confrère à l'Institut, qui
ne devait pas voir la fin victorieuse de la guerre.
M. Liard m'écrivait que, depuis M. Thiers, on
n'avait pas eu un pareil exposé de la situation

financière. Je laisse de côté ce qu'il y a d'exagéré dans une telle appréciation ; mais venant d'un homme aussi éminent et aussi peu porté à la flatterie, je la retiens comme un témoignage de la forte impression qu'avait produite la lecture de mon exposé.

Je n'avais pas cru qu'il fût possible de déposer un projet de budget qui n'eût été qu'un leurre, dans l'impossibilité où nous étions de chiffrer pour 1915 les dépenses de guerre qui croissaient de mois en mois. En Angleterre, on avait fait sortir du budget toutes les dépenses de l'armée et de la marine et toutes les dépenses ayant le caractère de dépenses de guerre. Que restait-il du budget dans ces conditions ? La Chambre des communes accordait, de temps en temps, un crédit en bloc pour les dépenses extraordinaires, et le gouvernement disposait de ce crédit en toute liberté.

Un pareil système aurait paru inacceptable en France. Aussi, en présentant une demande de douzièmes provisoires pour les premiers six mois de 1915, ai-je communiqué à la Chambre des députés un projet de répartition en chapitres du montant global du crédit qui devait nous être accordé. Ce mode de procéder permettait à la Chambre des députés de se rendre compte des prévisions de dépenses, sans soumettre à un vote tous les chapitres, ce qui eût entraîné à des discussions sans fin. Le ministère était lié par le projet de répartition, qu'un décret rendait définitif après le vote en bloc des crédits. Si les prévisions étaient insuffisantes, il fallait obtenir des Chambres des crédits additionnels. Toute dépense nouvelle, toute création de service devait être l'objet d'une demande en dehors des douzièmes provisoires, de sorte que le contrôle des Chambres s'exerçait aussi complètement que peut le permettre l'état de guerre.

Le rapporteur général de la commission du budget à la Chambre des députés, M. Raoul Péret, aujourd'hui président de la Chambre, est allé jusqu'à dire, dans un de ses rapports, que le système des crédits provisoires ainsi pratiqué avait des avantages sur celui des budgets votés d'avance pour une année, parce qu'il permet au contrôle des Chambres de suivre de plus près les dépenses. Il y a peut-être quelque exagération dans cette apologie des douzièmes provisoires qui ne doivent être qu'un expédient imposé par la nécessité. Mais, somme toute, le procédé auquel nous avons eu recours ne méritait pas les critiques dont il a été ensuite l'objet. Croit-on que le contrôle des Chambres se soit mieux exercé depuis qu'on a rétabli un budget ordinaire où ne figuraient pas une foule de dépenses qui auraient dû y être comprises, et qu'on y a fait rentrer depuis la fin de la guerre, quoique encore d'une façon incomplète ?

Ce qui est vrai, c'est qu'en inscrivant au budget ordinaire les intérêts de la dette on s'est obligé à créer les impôts nécessaires pour y faire face. Là est le véritable progrès, qu'on a réalisé le jour où mon successeur au ministère des finances, M. Joseph Thierry, s'est décidé, avec mon plein assentiment, à déposer un projet de budget des services civils pour 1918.

Eût-il été possible de le réaliser plus tôt ? Oui, si les Chambres avaient été d'accord sur la réforme des impôts directs qui seule devait rendre possible une augmentation notable des impôts de consommation. L'accord définitif n'a pu se faire qu'en juillet 1917 après de laborieuses négociations que j'ai eu à conduire entre les deux Chambres.

Quand nous sommes revenus à Paris, en décembre 1914, j'ai expliqué que nous ne pouvions pas mettre en recouvrement l'impôt général sur le revenu qui avait été voté à la veille même de la guerre. La perception des impôts était en partie désorganisée par l'absence d'un grand nombre de contrôleurs appelés à servir dans l'armée. On fut d'accord pour penser que le mieux était de s'en tenir à l'application des lois existantes, sans augmenter les impôts. L'Angleterre nous donnait, il est vrai, un exemple très différent. M. Lloyd George n'hésitait pas à doubler l'impôt sur le revenu. Il pouvait le faire sans danger dans un pays où l'impôt était entré dans les mœurs, après une longue période de tâtonnements et aussi de résistances. Et puis, comme je vous l'ai déjà dit, l'Angleterre n'était pas envahie, travaillait de toutes ses forces et réalisait plus de bénéfices qu'en temps de paix. Personne n'a demandé en France en 1914 ni dans les premiers mois de 1915 qu'on augmentât les impôts.

C'est seulement à la fin de l'année, quand j'ai proposé à la commission du budget de retarder encore d'une année l'application de l'impôt général sur le revenu, que j'ai trouvé une résistance à laquelle je ne m'attendais pas. On regrettait que la France n'eût pas réalisé, dès avant la guerre, la réforme des impôts directs — objet dans les Chambres, depuis plus de vingt ans, de controverses et de luttes politiques. Sans doute croyait-on que les circonstances étaient favorables sinon pour appliquer des lois nouvelles, du moins pour vaincre les dernières hésitations du Sénat et achever la réforme.

Fallait-il résister de toutes mes forces à ce mouvement qui entraînait, dans la Chambre des députés, les esprits les plus modérés aussi bien que les plus ardents ? Je ne l'ai pas cru ; et, en réfléchissant aujourd'hui à ce qui s'est passé, je crois encore qu'il valait mieux céder au sentiment général et tenter l'expérience, quelles qu'en fussent les difficultés.

Au Sénat on n'était pas de cette opinion, et les partisans les plus convaincus de l'impôt général sur le revenu pensaient que, dans l'intérêt de la réforme, il était préférable d'en ajourner l'application. Mais quand, après un vote émis à l'unanimité, le Sénat fut saisi une seconde fois de la question par la Chambre des députés, il cessa toute résistance et se rallia sans discussion au vote presque unanime de l'autre assemblée.

Vous savez trop les difficultés que nous avons eues à appliquer pendant la guerre l'impôt sur le revenu pour que j'aie à y insister. Il faudra du temps et beaucoup de persévérance pour corriger les défauts d'une première application et faire l'éducation des contribuables et des agents chargés d'établir l'impôt. Ceux qui sont le plus opposés, en principe, à cet impôt reconnaissent qu'en présence des charges que le pays doit supporter il ne serait pas possible d'y renoncer. Qu'on l'applique donc avec le désir de le faire entrer dans nos mœurs, comme il est entré dans les habitudes de l'Angleterre où il a été si long-

temps impopulaire et où Gladstone lui-même
s'était demandé si on ne pourrait pas l'abolir en
temps de paix.

L'Angleterre a établi en 1916 un impôt sur
les bénéfices exceptionnels que la guerre permettait à certaines industries, au commerce en
général, et surtout à la marine marchande de
réaliser. On a fait de même en Italie. Nous avons
suivi ce mouvement et les Chambres françaises
ont voté, le 1er juillet 1916, une loi qui s'est
surtout inspirée de la loi anglaise. Il a manqué
à notre loi, pour être appliquée avec facilité, les
moyens de comparaison entre les bénéfices actuels
des industriels et des commerçants et leurs
bénéfices d'avant-guerre, que le fisc anglais
trouve dans l'examen des rôles de l'impôt général
sur le revenu. Vous ne me pressez pas, j'en suis
sûr, d'entrer ici dans des détails techniques. La
loi que nous avons fait voter a eu ses défauts.
Était-il facile de les éviter ? Elle a été appliquée
avec zèle par les agents des finances, mais avec
des moyens insuffisants. C'est ce qui explique,
en partie, qu'elle n'ait pas donné tous les résultats
qu'on en attendait. Mais si le chiffre des recettes,
quoique atteignant 8 milliards de francs, est
resté très au-dessous des recettes encaissées en
Angleterre, cela tient surtout à ce que les béné-

fices des industriels anglais et, au premier chef,
ceux des armateurs, ont de beaucoup dépassé les
bénéfices réalisés en France.

C'est seulement — j'y insiste — à la fin de
1915 qu'on a commencé en France à se demander
pourquoi nous ne proposions pas d'augmenter
les impôts ou d'en créer de nouveaux. Encore
ne l'a-t-on fait que de la manière la plus discrète,
— à l'occasion, par exemple, du vote de la loi
du premier emprunt en rentes perpétuelles. Le
ministre des finances n'avait pas manqué de
réfléchir à cette question. Il sentait autant que
personne la nécessité de fournir au budget de
la France de nouvelles ressources pour faire face
aux charges des emprunts de guerre. Ce qui le
faisait hésiter, c'est qu'il voyait clairement que
la Chambre des députés se refuserait à doubler
les impôts directs encore existants, cette vieille
contribution des patentes tant de fois condamnée
en principe, et la contribution personnelle et
mobilière si pleine d'inégalités.

Pouvait-on persuader au Sénat d'achever la
réforme des impôts directs laissée en suspens
depuis la guerre ?

J'ai réfléchi longuement et, après avoir consulté mes collègues, je me suis décidé à tenter
d'obtenir de la Chambre des députés qu'à titre
provisoire elle acceptât de doubler les impôts

actuels, — en permettant toutefois aux contribuables de faire corriger, sur leur déclaration, les inégalités qui résulteraient de l'application pure et simple de la législation.

La Chambre des députés m'a fait comprendre qu'elle se refusait à entrer dans cette voie, et le Sénat s'est rendu compte que le moment était venu d'arriver à un accord, en faisant un pas de plus vers une conciliation nécessaire. C'est cet accord que je me suis appliqué à réaliser, et j'y serais parvenu dès la fin de 1916 ou le début de 1917 si, à la Chambre des députés, un rapporteur plein de zèle et de talent n'avait tenu à faire une œuvre achevée et si le vote final n'en avait été retardé.

Le régime qui a été adopté pour l'évaluation des bénéfices industriels d'après le chiffre d'affaires a été présenté par les uns comme une transaction et par d'autres comme une transition. Quoi qu'il en soit, la loi du 31 juillet 1917 a été votée presque à l'unanimité dans chacune des deux Chambres, et j'ai pu me féliciter que cette question si ardemment débattue de la réforme des impôts directs sortît enfin du champ des controverses politiques et cessât de diviser les Chambres et le pays.

J'avais — vous vous en souvenez — proposé, en même temps que de doubler les impôts directs et l'impôt sur les valeurs mobilières, d'augmenter les impôts de consommation qui ne portent pas sur des objets de première nécessité. La Chambre des députés s'est décidée à voter le relèvement de l'impôt sur l'alcool, sans attendre qu'on se mît d'accord sur les impôts directs. Elle a consenti également à restreindre dans d'étroites limites ce qu'on appelle le privilège des bouilleurs de cru et à en soumettre l'exercice à une surveillance rigoureuse. On a fait un effort pendant la guerre pour restreindre la consommation de l'alcool. Mais si élevés que soient aujourd'hui les droits dont il est frappé, l'alcool, par suite de la hausse des salaires, n'a pas perdu sa place dans le budget des ouvriers. Le fléau de l'alcoolisme n'est pas détruit et c'est par d'autres moyens que l'élévation des droits fiscaux qu'il faudra le combattre. Du moins la consommation de l'absinthe a été interdite par une loi que j'ai pu faire voter en 1915, après avoir pris l'initiative de la supprimer par un décret que les Chambres ont ratifié.

Je ne sais pas ce que vous penserez de ces explications. Laissez-moi vous dire qu'il est facile, quand on porte des jugements sur le passé, de dire : pourquoi a-t-on hésité à créer des impôts ? pourquoi n'a-t-on pas tranché dans le

vif ? — N'est-il pas après tout plus faci de
faire accepter par le pays des charges nouvelles
pendant la guerre, à l'heure des grands sacrifices,
que lorsque la paix vient d'être conclue et que
chacun songe plus à ses intérèts qu'au salut du
pays ? Cela peut être vrai, si on s'en tient à des
raisonnements ou à des vues rétrospectives ;
mais qui peut dire où était la vérité politique et,
vous me permettrez d'ajouter, la vérité psycho-
logique — en 1914, en 1915 et encore en 1916 —
avant que le pays ne sentît que, malgré ses blessures et ses souffrances, il devait se prêter à un
nouvel effort ? et avant que les Chambres
n'eussent eu le temps de se mettre d'accord ?
Si vous croyez que je me suis trompé, je suis prêt
à m'incliner devant votre jugement. Veuillez
toutefois ne pas oublier que l'Allemagne notre
ennemie n'a pas avant 1916 songé plus que nous
à augmenter ses impôts, et que nous serions en
tout cas plus excusables qu'elle d'avoir manqué
de courage fiscal, parce que nous étions envahis
par elle et que dix de nos départements les plus
riches ne pouvaient pas répondre à notre appel.

LETTRE VIII

VOUS marquez, dans votre dernière lettre, quelque surprise de ce qu'il n'y ait pas eu dans les Chambres un véritable débat d'ensemble sur la politique financière à suivre pendant la guerre. Il n'a pas dépendu du ministre des finances que ces échanges de vues si utiles entre le gouvernement et les Chambres n'eussent lieu avec tous les développements nécessaires. On semblait craindre que les débats publics n'eussent des inconvénients et c'est dans les commissions que le contrôle des Chambres s'est surtout exercé pendant la guerre. Cependant j'ai saisi toutes les occasions de mettre au grand jour notre politique financière, et la presse m'en a félicité. La vérité est que dans les premiers mois et jusque vers la fin de 1915 on a été d'accord pour ajourner la question des impôts. Quand des orateurs socialistes opposaient la politique fiscale de l'Angleterre à la politique suivie en France, c'était seulement pour reprocher aux

Chambres de n'avoir pas su mener avec vigueur la réforme de nos impôts.

Vous regrettez aussi que le gouvernement n'ait pas enlevé d'autorité un vote des Chambres pour abolir radicalement le privilège des bouilleurs de cru. Si je lis bien dans votre pensée, vous auriez voulu qu'on allât jusqu'à interdire l'alcool et toutes les liqueurs. Croyez bien que si de telles mesures avaient été prises pendant la guerre, elles auraient été rapportées après la conclusion de la paix. Nous sommes allés aussi loin que le permettaient les mœurs, les habitudes de notre pays. La consommation de l'alcool se restreindra d'elle-même, par suite de l'élévation énorme des droits, lorsque nous serons revenus à un état normal où chacun est obligé de tenir compte de ses ressources pour régler ses dépenses quotidiennes.

LETTRE IX

JE vous ai dit qu'avant de faire un emprunt il me semblait nécessaire de procéder à la liquidation des opérations à terme, en suspens depuis le mois d'août 1914. J'avais fait signer en septembre un décret qui accordait aux acheteurs des délais de paiement, à condition de payer un intérêt de 5 %. Cela n'était pas du goût de certaines personnes qui auraient voulu qu'on annulât tous les engagements à terme, comme on avait fait en 1848. Quel intérêt méritaient les vendeurs ? N'avaient-ils pas spéculé à la baisse ? et parmi eux ne se trouvait-il pas des Allemands récemment naturalisés ou qui cachaient leur personnalité sous un masque trop transparent ? Je constate avec plaisir que l'idée de répudier les engagements dont ils étaient responsables n'est pas venue à l'esprit des agents de change, et qu'ils l'ont repoussée dès qu'elle leur a été suggérée. Ils ont pensé qu'il était de leur honneur de faire face à tous les engagements, en vertu de la garantie solidaire qui leur a été imposée lors de la dernière révision de leur statut. Ce qu'ils ont simplement demandé, c'est qu'on leur accordât une aide temporaire et qu'on relevât le tarif de leurs courtages, reconnu insuffisant dès avant la guerre.

Ces demandes m'ont paru pouvoir être accueillies. J'arrivai assez facilement à une entente avec le nouveau syndic, M. Deseilligny, qui avait de l'initiative et de l'autorité sur sa Compagnie. La Banque de France voulut bien s'engager à faire, s'il était nécessaire, aux agents de change, pour la restitution des sommes employées en reports, une avance garantie par un dépôt de titres. On n'eut pas besoin de recourir à ses bons offices. La Compagnie émit pour le paiement des différences des bons à courte échéance qui furent aisément souscrits. Elle me demanda de mettre en outre à sa disposition 80 millions de bons du Trésor sans intérêts qu'elle négocierait seulement en cas de nécessité. Je pris sur moi de lui accorder ce secours éventuel dont heureusement elle a pu se passer. La Chambre des députés a bien voulu m'accorder un bill d'indemnité en approuvant toute l'opération quand j'ai pu la lui expliquer.

Une condition que j'avais mise au concours de l'État, c'était que la Compagnie des agents de change, en même temps qu'elle opérerait la liquidation de ses propres engagements, faciliterait celle des engagements du marché des valeurs en banque. S'il n'était pas possible, en ce qui concerne le marché libre des valeurs, de restituer immédiatement les sommes employées en reports, tout au moins était-on d'accord qu'il fallait couvrir les différences résultant de la liquidation. La Compagnie des agents de change fit au syndicat des banquiers en valeurs une avance de 35 millions dont le Trésor lui fournit provisoirement, en bons du Trésor sans intérêts, la contre-partie. Grâce à ce concours le syndicat put faire face à tous ses engagements, et l'honneur du marché fut sauvé. Un décret du 15 septembre 1915 mit fin au moratorium, sauf en ce qui concerne les débiteurs mobilisés. La première liquidation des opérations à terme eut lieu le 30 septembre. Tout se passa à merveille. La confiance était si bien revenue que les capitaux s'offrirent en quantité suffisante pour reporter les positions des acheteurs qui ne voulaient pas liquider immédiatement leurs engagements. Les liquidations se succédèrent ensuite de quinzaine en quinzaine. Après mon départ du ministère des finances — en 1919 — le syndic des agents de change m'a adressé une lettre pour me mettre au courant de la manière dont l'opération — qui semblait au début si lourde — de la liquidation des opérations antérieures à la guerre s'était effectuée à l'honneur du marché, et pour m'assurer que sa Compagnie n'oublierait jamais le service que le ministre des finances de 1915 avait rendu à la Bourse de Paris.

Un pourvoi avait été introduit au Conseil d'État contre les décrets que j'avais fait signer. Il a été rejeté ; si bien que toute cette affaire, si délicate à conduire, n'a finalement causé aucun mécompte, sauf aux débiteurs qui auraient préféré s'affranchir de leurs obligations.

Je pris quelques autres mesures préparatoires pour dégager le marché avant de lancer le premier emprunt. Ainsi j'obtins de la Caisse des dépôts et consignations qu'elle rachetât les rentes 3 % qui flottaient en Bourse, et qu'elle a employées à libérer en partie sa souscription à l'emprunt de 1915. Vous trouvez sans doute que j'entre dans des détails un peu difficiles à faire comprendre des personnes qui ne sont pas au courant des usages de la Bourse. Mais j'ai tenu à ce que vous saisissiez bien pourquoi j'ai tardé à faire ce premier appel au crédit, qui devait être un si grand succès pour la défense nationale.

J'ai expliqué à la Chambre des députés (12 novembre 1915) que le total des bons du Trésor

s'élevait à ce moment à un peu plus de 8 milliards
et demi. Nous avions émis pour plus de 3 milliards et demi d'obligations à dix ans. Les avances
de la Banque à l'État n'atteignaient pas tout à
fait 7 milliards et demi ; elles devaient être
réduites au lendemain de l'emprunt à 5 milliards.
La circulation des billets dépassait à peine
14 milliards ; elle devait être ramenée par suite
de l'emprunt à 13 milliards. Combien ces chiffres,
que nous étions tentés de trouver énormes, vous
sembleront faibles à côté de ceux d'aujourd'hui !
Nous avions pu calculer qu'en tenant compte des
réserves d'or dans le pays et du montant des
billets de la Banque en circulation, nous ne
recueillerions pas en numéraire, si tout allait
bien, une somme supérieure à 5 milliards de
francs. Le résultat, comme vous le verrez, fut
ce que nous espérions.

Je me décidai, après un examen attentif, à
faire l'emprunt en 5 % perpétuel, ainsi qu'avait
fait M. Thiers en 1871. Ce fonds était connu et
pouvait aisément redevenir populaire. Il avait
cet avantage que l'émission ne se ferait pas trop
loin du pair et qu'on ne se fermerait par le chemin
des conversions futures. Le prix d'émission de
87,25 parut un peu faible. Mais je voulais me
donner une marge suffisante pour qu'un deuxième
ou un troisième emprunt ne fissent pas baisser

les titres du premier emprunt, au détriment des porteurs qui auraient été les plus empressés à apporter leurs épargnes à l'État. En fait, le deuxième emprunt de la Défense nationale a pu être émis en 1916 à un prix légèrement supérieur à celui de l'emprunt de 1915, et le premier emprunt a été, dès l'origine, si bien classé qu'il s'est maintenu à la cote au-dessus du cours d'émission sans qu'on ait eu besoin de le soutenir par des achats de l'État.

Une question pouvait être délicate après le vote que la Chambre des députés avait émis en 1913. C'était de savoir si le nouveau titre de rente serait garanti contre tout impôt, — à l'exception, bien entendu, des impôts, qui, s'appliquant à l'ensemble du revenu ou de la fortune, varient, dans leur taux, suivant que s'élève la situation du contribuable. On a quelquefois eu l'idée d'affranchir même de ces impôts la rente française. Cela prêterait aux plus sérieuses critiques, puisque l'exemption, au lieu d'être la même pour tous les titres, en quelques mains qu'ils se trouvent, profiterait d'autant plus au porteur qu'il serait plus riche. Limitée aux impôts comme le timbre, le droit de transmission entre vifs à titre onéreux et l'impôt sur le revenu des valeurs mobilières — qui sont des impôts proportionnels et non des impôts progressifs — l'exemption se défend par de solides raisons. C'est le titre qui jouit du privilège, et naturellement l'État le vend d'autant plus cher que le souscripteur se sent à l'abri non seulement des impôts existants, mais des impôts futurs. Ce désir d'être protégé contre des relèvements de taxe qu'on ne peut mesurer à l'avance est devenu si vif et si général que la plupart des sociétés qui ont émis et qui émettent tous les jours des emprunts depuis la paix se sont vues forcées de prendre à leur charge le paiement des impôts actuels et le risque des impôts futurs.

La Chambre des députés, non pas à ma surprise, mais à ma satisfaction, ne fit pas d'objection à la proposition d'accorder aux titres de l'emprunt l'immunité dont je viens de parler. L'emprunt fut en outre protégé pendant quinze ans contre toute conversion.

A la fin de l'appel que j'adressais au pays du haut de la tribune de la Chambre des députés, je disais : « A qui confierons-nous le sort de cet emprunt ? Au pays lui-même. C'est lui qui est maître de nos destinées. Il comprend que sa vie est en jeu. Il faut le dire aux plus humbles comme aux riches. Ils n'ont pas le droit de ne pas donner à la défense nationale leurs économies. Dans une lutte sans merci comme celle où nous sommes engagés, le salut d'un seul ne peut être trouvé que dans le salut de tous... L'égoïsme à cette heure n'est pas seulement de la lâcheté, il est la pire des imprévoyances. Que deviendraient ces réserves, si la France devait être vaincue ? Elles seraient la rançon de la défaite, au lieu d'être le prix de la victoire... Qu'elle se lève cette armée de l'épargne française ! Comme celle qui se bat elle est l'armée de la France ou plutôt elle est la France elle-même. Saluons-la, c'est elle qui nous aidera à lutter et à vaincre ! »

La propagande se fit partout, dans les villes et dans les villages, par des discours, des articles de journaux, des images que des artistes de grand talent dessinaient pour l'emprunt, voire par des films de cinématographe, par tous ces procédés modernes qui auraient fait l'étonnement de nos pères il y a cinquante ans.

Le succès dépassa nos prévisions. Le total des souscriptions fut supérieur à 12 milliards de francs. Les versements en numéraire dépassèrent 6 milliards, en y comprenant les versements faits de l'étranger (600 millions) et ceux que la Caisse des dépôts et consignations a opérés au moyen d'une avance de la Banque de France. Je vous dirai un mot tout à l'heure des conditions dans lesquelles a été faite cette avance. En dehors du numéraire, il a été versé pour la libération de l'emprunt environ 1 milliard et demi en obliga-

tions de la Défense nationale, 2 milliards et quart
en bons de la Défense, soit près de 30 % du
montant des bons existant à ce moment, et enfin,
en laissant de côté quelques autres modes acces-
soires de libération, environ 1 milliard et demi
de rentes 3 %. Vous vous souvenez qu'à la
demande de la commission du budget, nous
avons accordé aux porteurs de rente 3 % la
faculté de libérer leurs souscriptions, pour un
tiers, par la remise de leurs titres, évalués au
prix de 66 francs pour 3 francs de rente. C'était
une faveur dont les porteurs devaient s'empresser
de profiter, car il était certain que le cours du
3 % ne pourrait pas, après l'emprunt, être maintenu à ce chiffre. On empêchait le cours de
s'abaisser pendant la souscription de l'emprunt ;
c'était un avantage pour le crédit de l'État qu'on
devait faire entrer en ligne de compte. L'opération était, en somme, onéreuse pour le Trésor,
puisqu'il devait à l'avenir payer un intérêt plus
élevé (3 fr. 78 au lieu de 3 francs). Toutefois,
s'il arrivait un jour qu'il pût convertir le 5 %
nouveau, cette charge se réduirait et pourrait
même descendre au-dessous de 3 %, ce qu'on
ne peut espérer raisonnablement tant qu'on
conserve le type actuel du 3 %, trop éloigné du
pair pour qu'on entrevoie une future conversion.
L'opération n'eut pas d'ailleurs l'ampleur à

laquelle on s'attendait : seulement 1.425 millions de rente 3 % en capital furent présentés à la libération de l'emprunt ; tandis qu'en Angleterre le montant des consolidés convertis dans des conditions analogues s'est élevé à près de 5 milliards de francs (204 millions de livres).

De ces 1.425 millions de rentes, la Caisse des dépôts et consignations avait fourni près du tiers. J'avais appelé l'attention de la commission de surveillance sur l'intérêt qu'avait la Caisse, soit par elle-même, soit par les caisses dont elle administre les fonds et principalement les caisses d'épargne, à profiter des avantages offerts par la loi d'emprunt. On devait prévoir qu'après la levée de l'application de la clause de sauvegarde, des retraits pourraient se produire dans les caisses d'épargne si l'intérêt des dépôts n'était pas relevé. En transformant 300 millions, en capital, de rentes 3 % en rentes 5 %, on faisait apparaître une perte dans les écritures, parce que ces rentes avaient été acquises à un prix supérieur en moyenne à 66 francs. Cette perte serait comblée par un prélèvement sur le fonds de réserve. En revanche, le revenu serait supérieur au revenu ancien et on pourrait accorder aux caisses d'épargne un relèvement d'intérêt de 50 centimes %. Seulement il fallait, à défaut de ressources disponibles, obtenir de la Banque une avance sur titres de 600 millions de francs à un intérêt réduit. La Banque consentit, sur mon intervention, à faire cette avance et elle n'a pas eu à le regretter. En deux ans et quelques mois, la Caisse des dépôts a été en mesure de se libérer entièrement.

Que vous dirai-je du deuxième emprunt de la fin de 1916 ? Il se fit dans des conditions presque identiques et eut le même succès. Le montant des souscriptions s'éleva à 10 milliards, dont 5 milliards et demi en numéraire et 3 milliards et demi en bons de la Défense nationale. Le 9 novembre, le compte des avances de la Banque à l'État n'était plus que de 6 milliards 400 millions et la circulation des billets avait été ramenée à moins de 16 milliards. Nos dépenses étaient telles, à cette époque, que nous étions obligés de vivre sur l'emprunt pendant qu'il s'effectuait et que, au lendemain de la clôture des opérations, nous devions songer déjà à un emprunt nouveau.

Pourquoi, m'a-t-on demandé, n'avons-nous pas multiplié les emprunts pendant ces premières années de guerre ? Les faits répondent pour nous. Si nous avions fait de plus fréquents appels aux capitaux disponibles, il n'est pas du tout sûr que nous aurions obtenu de meilleurs résultats. Les sommes qui peuvent s'employer dans les emprunts sont en proportion assez exacte du numéraire et des bons du Trésor qui sont aux mains des particuliers, ainsi que du montant des comptes créditeurs à la Banque de France. Ni le montant des billets de la Banque, ni le total des bons de la Défense nationale n'avaient atteint, à cette époque, les chiffres auxquels ils ont atteint à la fin de 1917 et dans les années suivantes. Un emprunt annuel de 11 à 12 milliards était à peu près tout ce que le pays pouvait supporter. Fallait-il le fractionner, de sorte que les résultats apparussent moins imposants et que l'effort de propagande dût être renouvelé à des époques trop rapprochées ? J'ai consulté la Banque de France, les grands établissements de crédit, qui ont tant fait pour le succès de nos emprunts, et j'ai suivi leurs avis qui m'ont paru judicieux. Cela ne veut pas dire que l'on ne puisse pas faire mieux que nous n'avons fait. Mais en me reportant à l'opinion qu'ont eue les Chambres et le pays de la manière dont nous avons opéré, je puis bien constater qu'on a eu, à cette époque, le sentiment que notre œuvre n'était indigne ni des éloges qui lui ont été accordés, ni de la reconnaissance du pays.

JE veux vous parler aujourd'hui de nos rapports financiers avec l'Angleterre et avec les États-Unis.

Il semble qu'engagées toutes deux dans une lutte pour l'existence, la France et l'Angleterre devaient établir entre elles une solidarité de leurs moyens financiers, de même qu'elles auraient dû créer, dès 1914 ou 1915, l'unité du commandement militaire. Cette idée était en quelque sorte dans l'air, quand M. Lloyd George, chancelier de l'Échiquier, vint à Paris en février 1915. Je n'avais pas encore eu l'occasion de le rencontrer. Je trouvai en lui un homme dont le premier abord était bien fait pour attirer. De taille moyenne et bien prise, les yeux bleus et très expressifs, les cheveux encore blonds qu'il laissait retomber derrière la tête, il plaisait tout de suite par un sourire plein de charme. N'ayant rien de la raideur britannique il donnait l'impression que son esprit devait être aussi agile que sa personne. S'il n'a pas la culture d'un homme comme M. Balfour, sa conversation est des plus variées et des plus agréables. Il m'a posé bien des questions auxquelles je n'ai sans doute pas toujours répondu à son gré, pourquoi, par exemple, la France n'avait pas élevé de statue à Robespierre comme on a fait en Angleterre pour Cromwell. J'ai pu me rendre compte à Londres de la séduction qu'il exerce sur les foules. Il sait entrer dans le sentiment populaire et modifier son langage quand un instinct très sûr l'avertit qu'il sera mieux compris de la masse du pays. Sa popularité parmi les électeurs a toujours été plus grande que son autorité sur la Chambre des communes, et c'est cette popularité qui fait sa force parlementaire. Il avait, jusqu'à la veille de la guerre, soutenu l'opinion que l'Allemagne n'avait que des desseins pacifiques. Personne n'avait contribué plus que lui à entretenir cette fausse sécurité qui a empêché l'Angleterre de se préparer à la guerre, et l'a laissée très dépourvue au moment où elle a dû entrer en campagne. Tout entier à la lutte contre la Chambre des lords, à l'occasion du fameux budget de 1909 où un premier coup de hache était donné à la puissance des grosses fortunes anglaises, ayant mené la lutte, après la dissolution de la Chambre des communes, avec une verve endiablée contre les conservateurs, il ne prévoyait pas que peu d'années plus tard il se mettrait à la tête de ces mêmes conservateurs, pour former un ministère résolu à poursuivre la guerre jusqu'à la victoire avec une inflexible résolution.

En 1915, il n'était encore que chancelier de l'Échiquier. Il avait, dès le début de la guerre, proposé et obtenu de doubler l'impôt sur le revenu et les impôts sur les boissons. C'est la politique traditionnelle de l'Angleterre de demander un grand effort fiscal pour soutenir la guerre et de ne pas se borner à faire des emprunts, sauf à les amortir après la paix. Politique sage, digne de servir d'exemple, et qui se recommande par son côté moral aussi bien que par son efficacité. Mais une telle politique n'est possible qu'autant que le système fiscal est assez souple pour permettre de doubler d'un trait de plume les impôts.

Le but du voyage à Paris de M. Lloyd George n'était pas seulement de faire connaissance avec les membres du gouvernement. Il voulait obtenir que la France s'engageât à participer pour moitié aux avances déjà faites et à celles, plus considérables, qu'il faudrait faire à la Belgique, à la Russie et aux autres alliés. Il était, en outre, inquiet, comme le gouverneur de la Banque d'Angleterre, lord Cunliffe, qu'il avait amené avec lui, de la nécessité où se trouvait déjà son pays d'exporter de l'or pour payer ses achats aux États-Unis. L'Angleterre avait mis la main sur le produit des mines d'or du Transvaal, évalué à un milliard de francs par an ; mais cela ne suffisait pas à combler le déficit résultant de ses exportations. La Banque de France était en possession d'un stock d'or considérable (4.200 millions). Ce que M. Lloyd George était venu nous proposer, c'était de faire une masse des encaisses d'or de la Banque d'Angleterre, de la Banque de France et de la Banque impériale de Russie. On maintiendrait à l'avenir la proportion existant actuellement entre ces encaisses, au moyen de versements ou de reversements que les Banques se feraient mutuellement, sauf règlement final après la paix.

L'idée était ingénieuse, et elle n'était pas, comme il pouvait sembler au premier abord, au désavantage de la France. Si l'Angleterre était plus pressée que nous d'expédier de l'or aux États-Unis, c'est parce que ses achats ont été, dès le début, plus considérables que les nôtres. Mais nous devions bientôt développer nos dépenses aux États-Unis et sentir les embarras résultant de la baisse inévitable de notre change. Nous serions forcés de faire des envois d'or, et nous n'avions pas, comme l'Angleterre, la ressource des mines du Transvaal pour renouveler le stock de la Banque de France. Mais la crise des changes ne s'était pas encore fait sentir chez nous et la Banque de France, surprise par la proposition de M. Lloyd George, serait peu disposée à l'accueillir. Si cette proposition avait fait partie d'un ensemble de mesures propres à réaliser entre les Alliés une véritable solidarité financière, elle aurait eu une autre portée et n'aurait peut-être pas soulevé de notre part les mêmes réserves. L'or ne devait pas suffire à payer nos achats : c'est donc à mettre en commun non seulement notre or, mais aussi les moyens de nous procurer des crédits au dehors, que devaient tendre nos efforts.

Aussi, lorsque M. Lloyd George et M. Bark, ministre des finances de Russie, venu de Pétrograd, eurent avec moi une première conversation, je posai résolument la question dans les termes les plus larges. Pourquoi n'annoncerions-nous pas, dès à présent, notre intention de faire un emprunt international au nom des Puissances de l'Entente ? Ce serait donner au monde la preuve la plus tangible de notre volonté de rester unis, quoi qu'il pût arriver, aussi bien financièrement que militairement. L'attrait que présenterait un titre gagé sur les ressources de l'Angle-

terre, de la France et de la Russie, et payable
en livres, en francs ou en roubles, à la parité de
l'or, garantirait le succès d'un tel emprunt. Mais
je vis tout de suite qu'une pareille idée rencon-
trerait de la part de l'Angleterre l'opposition la
plus décidée. Le gouverneur de la Banque d'A -
gleterre, lord Cunliffe, déclara sans hésiter qu'elle
serait mal accueillie par le monde de la finance
anglaise. M. Lloyd George se rangea à son avis.
Sans méconnaître les avantages qu'aurait au
point de vue moral un emprunt collectif, il
objecta que cet emprunt rendrait plus difficiles
des appels individuels au crédit de la part de
chacun des Alliés. Le marché de Londres, étant
le moins paralysé par la guerre et celui où régnait
le plus d'aisance, aurait à fournir en fait la plus
large part. D'un autre côté, si le taux d'intérêt
de l'emprunt était plus élevé que celui du dernier
emprunt anglais, la Banque d'Angleterre, qui
s'était engagée à faire des avances sur les titres
de cet emprunt jusqu'à concurrence du prix
d'émission, ne se trouverait-elle pas très embarrassée ? Quelle que fût la valeur technique de
ces raisons, il était visible que l'Angleterre était
par-dessus tout jalouse de son propre crédit et
qu'elle craignait de l'affaiblir en l'associant à
celui d'aucun de ses alliés. Elle redoutait aussi,
comme l'expliquait le chancelier de l'Échiquier,

d'être entraînée à ne pouvoir maintenir la parité de la livre anglaise et du dollar des États-Unis, ce qui était pour elle, dans les premières années de la guerre, la grande préoccupation et une sorte de point d'honneur. Je ne pouvais méconnaître qu'envisagée de ce dernier point de vue la question devait apparaître au chancelier de l'Échiquier tout autre qu'aux yeux du ministre des finances de France ou de Russie.

Je proposai de faire au moins un emprunt collectif pour venir en aide aux petits pays qui ne pourraient emprunter en leur propre nom. Cela fut accepté et, sans fixer de date pour cet emprunt, on crut pouvoir annoncer qu'il entrait dans les vues des gouvernements alliés. Cela suffit pour créer quelque émoi dans les cercles financiers de Londres et, en répondant à une question dans la Chambre des communes, le ministre laissa entendre que l'adhésion du gouvernement anglais était surtout un hommage qu'on avait voulu rendre au principe de la solidarité financière des Alliés. On retrouverait le même hommage dans la déclaration qui fut, à l'issue de la conférence, communiquée à la presse. M. Lloyd George en avait donné le premier texte : les trois Puissances étaient « résolues à unir leurs ressources financières aussi bien que leurs ressources militaires, afin de poursuivre la guerre jusqu'à la victoire finale. »

La Banque de France s'engagea à faire l'avance de 150 millions de francs à la Banque d'Angleterre dans le cas où la réserve d'or de cette dernière, y compris la provision de 20 millions de livres affectée à la garantie des billets émis par la Trésorerie, tomberait au-dessous de 80 millions de livres, soit environ 2 milliards de francs.

Les avances faites ou à faire à la Belgique et à la Russie devaient être pour moitié à la charge de la France et de l'Angleterre. Ce principe, qui tenait si fort à cœur à M. Lloyd George, a été maintenu dans la suite en ce qui concerne la Belgique. Il n'a pas pu l'être quant à la Russie. Le successeur de M. Lloyd George aux fonctions de chancelier de l'Échiquier a ouvert à M. Bark en 1916, sans d'ailleurs prendre notre avis, des crédits qui dépassaient toutes les prévisions et qui ont paru excessifs même en Angleterre. Nous avons été plus réservés que nos voisins, et nous étions obligés de l'être par l'état de nos ressources qui ne pouvaient se comparer à celles de l'Angleterre. Nous nous sommes engagés à ouvrir en 1915 à la Russie des crédits pour une somme de 625 millions qui devait être dépensée en France, et servir à payer aux créanciers français les intérêts et l'amortissement de la dette russe et à solder les commandes de matériel de guerre à faire en France pour le compte de la Russie.

Les avances à la Belgique ont été faites sans intérêts. C'était de notre part un témoignage d'amitié et de reconnaissance envers la nation qui s'était si noblement sacrifiée pour défendre, en même temps que son indépendance, la cause du droit et de la civilisation française. La Belgique fait partie de notre famille et nous ne pouvions la traiter que comme une sœur. Nous n'avons pas voulu, après la paix, qu'elle restât notre débitrice et, d'accord avec l'Angleterre, nous lui avons fait abandon de notre créance, sauf à nous faire indemniser par l'Allemagne.

Nous avons été moins généreux — et comment s'en étonner ? — vis-à-vis de la Russie à qui nous avons si largement prêté avant la guerre. Il a été convenu que la Russie aurait à payer des intérêts au taux d'escompte de la Banque de France. Nous avons remis au gouvernement russe des bons du Trésor sans intérêts qu'il a fait escompter par la Banque de France, et telle a été l'origine du compte qui figure dans les écritures de cet établissement. La Russie s'était engagée, en retour, à nous fournir du blé et des bois dont le prix, payé par le gouvernement russe, viendrait en déduction de notre créance. La fermeture des Détroits a rendu impossible l'exécution pendant la guerre de cet engagement. Quand M. Bark est venu en France en 1916 pour obtenir le renouvellement des avances faites en 1915, je lui ai demandé de consentir à ce que les fournitures de blé et de bois, qui ne pouvaient être faites pendant la guerre, fussent ajournées jusqu'à la réouverture des Dardanelles. M. Bark s'y est refusé, en alléguant que le gouvernement russe aurait besoin, après la guerre, de toutes ses ressources. Ce fut entre nous le sujet d'une discussion très vive où je dus faire sentir au ministre des finances de Russie que la France ne pourrait, après la guerre, continuer indéfiniment à fournir à la Russie des milliards sans en obtenir la compensation par le développement de nos relations économiques. La Russie nous empruntait de l'argent et elle faisait en Allemagne la plus grande part de ses achats. Cela ne pouvait pas durer après la guerre et il fallait que, dès à présent, la Russie en fût avertie.

Pour en revenir à la conférence, je dois ajouter que M. Lloyd George insista auprès de nous pour que les achats que nous avions à faire aux États-Unis eussent lieu par l'intermédiaire de la banque Morgan, que l'Angleterre avait chargée de ses intérêts en Amérique. J'appréciai l'avantage qui résulterait pour nos deux pays d'une entente à cet égard. La France et l'Angleterre

ne devaient pas se faire concurrence et pousser
à une hausse des prix aux États-Unis. Le ministère de la guerre, jaloux de son indépendance,
se montra d'abord peu favorable à l'idée de faire
passer ses commandes par la maison Morgan.
Il est revenu sur cette première impression et,
après avoir fait pendant plusieurs années l'expérience de l'organisation qui lui était offerte, il
a reconnu que le contrat passé avec M. Morgan
lui avait épargné bien des suprises désagréables
et lui avait été profitable en même temps qu'aux
intérêts du Trésor. Je reviendrai peut-être un
jour sur cette question. Il faut finir ma lettre,
qui est déjà trop longue, en vous disant — ce
sera mon dernier mot — que, sur ma demande,
M. Lloyd George avait pris l'engagement de
nous laisser placer à Londres nos obligations de
la Défense nationale, pourvu qu'elles fussent
libellées en francs et non en livres. Son successeur, comme vous le verrez, s'est montré peu
disposé à tenir la promesse de M. Lloyd George
et je vous dirai comment il nous a demandé d'y
renoncer.

LETTRE XI

NOS achats à l'étranger avaient pris dès 1915 un grand développement. La France était obligée de faire venir des États-Unis l'acier, les camions automobiles, les munitions qu'elle ne pouvait fabriquer elle-même, sans parler du blé et de la viande frigorifiée. Nous demandions surtout à l'Angleterre le charbon que nos mines ne pouvaient pas nous fournir. L'Espagne nous envoyait du vin et aussi des minerais.

Pendant les derniers mois de 1914 et le début de 1915 les changes nous avaient été favorables, parce que nous avions dans le monde des créances dont le montant dépassait l'ensemble de nos paiements au dehors. Le franc était coté plus haut que le dollar et la livre sterling. Mais la balance se renversa au bout de quelques mois et, vers le mois d'avril 1915, je commençai à me demander, non sans quelque angoisse, comment je pourrais faire honneur aux engagements que les ministres de la guerre, de la marine et du commerce prenaient de plus en plus à l'étranger.

Le gouvernement anglais s'était obligé à nous fournir du charbon, mais nous n'avions pas réglé avec lui la manière dont nous paierions les livraisons. Avec les États-Unis nous n'avions aucun arrangement. M. Morgan ne cessait pas de nous expliquer que des paiements au comptant étaient le meilleur procédé. Obtenir des crédits commerciaux n'était pas sans difficulté et ne servirait qu'à retarder les paiements de six mois ou de neuf mois au plus. Les banques, liées par des règlements sévères, ne pouvaient pas faire à un même débiteur des crédits qui excédassent une portion relativement faible de leurs réserves. Les banques régionales, qui venaient d'être instituées par une loi des États-Unis pour servir de réservoir d'or commun aux banques locales et remplir à leur égard un rôle analogue à celui de la Banque de France, n'étaient pas très disposées à escompter le papier créé à l'occasion d'achats faits aux États-Unis pour le compte des gouvernements de l'Entente. Quant à s'adresser au public pour placer des obligations de ces gouvernements, c'était une expérience à faire dans des conditions qui n'avaient rien d'encourageant. On ne connaissait pas aux États-Unis les fonds d'État européens. Les seuls titres cotés à la Bourse de New-York étaient ceux des États-Unis ou des pays américains voisins des États-Unis. Toutes les préférences du public étaient pour les titres des chemins de fer, des grandes entreprises industrielles et aussi des États et des villes. La guerre était pour beaucoup d'industries et de commerces américains l'occasion de gros profits, mais ces bénéfices étaient surtout employés à augmenter les moyens de production. Il ne fallait donc compter qu'avec beaucoup de réserve sur les concours financiers qu'on pourrait trouver de l'autre côté de l'Océan. Un emprunt de 50 millions de dollars émis en mars 1915 pour le compte de la France par la banque Morgan avec le concours de la *National City Bank* n'avait été qu'en partie souscrit. M. Morgan, très embarrassé de nous donner un conseil, suggérait qu'un envoi d'or important à New-York faciliterait un nouvel appel soit aux banques, soit au public.

Nous n'étions guère plus heureux à Londres. L'arrangement du 5 février fait avec le chancelier de l'Échiquier n'était pas exécuté dans l'esprit où il aurait dû l'être. Nous avions promis un envoi d'or de la Banque de France si l'encaisse de la Banque d'Angleterre tombait au-dessous d'un certain chiffre. Nous devions nous attendre que la Banque d'Angleterre ne ferait rien pour augmenter les difficultés que nous éprouvions à maintenir à un taux raisonnable le change entre les deux pays. Or, la Banque d'Angleterre, nous en avions la preuve, donnait comme mot d'ordre aux banquiers de ne faire aucun crédit aux banques françaises, même sous forme d'avances sur des consolidés. Lord Cunliffe ne cachait pas que sa tactique était de faire monter la livre par rapport au franc, de manière à nous obliger à envoyer de l'or en Angleterre. Il fallait aller à Londres et s'entendre avec le chancelier de l'Échiquier.

C'est ce que je fis dans les derniers jours d'avril 1915. L'arrangement que j'ai conclu le 30 avril a servi de base à tous les accords qui l'ont suivi. Il fut entendu, en principe, que le gouvernement anglais nous ouvrirait, sans nous demander un envoi d'or, les crédits dont nous aurions besoin pour payer les dépenses faites en Angleterre pour le compte du gouvernement français. Quant aux paiements à faire aux États-Unis, la Trésorerie britannique nous ouvrirait également des crédits ; mais, en retour, nous ferions une remise d'or à la Banque d'Angleterre. En fait, la somme totale mise à notre disposition à Londres pour les six mois à venir fut fixée à 62 millions de livres, c'est-à-dire à près de 1.600 millions de francs, et, sur cette somme,

20 millions de livres représentaient l'achat par
la Banque d'Angleterre de pareille somme en
or qui devait nous être avancée par la Banque
de France. Nous étions donc crédités à Londres,
pour nos dépenses soit en Angleterre, soit aux
États-Unis, d'une somme un peu supérieure au
triple de la somme en or à faire sortir des caisses
de la Banque de France.

L'arrangement, tel que je l'ai expliqué à la
Chambre des députés à mon retour de Londres,
a paru équitable et n'a pas soulevé de critiques.
Nous aurions pu sans doute envoyer directement
à New-York l'or que nous avons versé à la
Banque d'Angleterre ; mais n'était-il pas à l'avantage de la France et de l'Angleterre que nous
fissions, au regard des États-Unis, une seule
masse de l'or dont nous pouvions disposer ?
D'autre part, l'Angleterre n'aurait-elle pas fait
quelques difficultés pour nous aider à payer nos
achats à Londres, si nous nous étions refusés à
lui faire aucun envoi de cet or que la Banque
d'Angleterre avait eu, quelques mois plus tôt,
le désir de fondre avec le sien et avec celui de
la Banque de l'empire russe ?

Puisque le moment était venu où nous allions
nous servir de la réserve d'or prudemment
amassée avant la guerre, nous ne pouvions différer
de faire appel au pays pour qu'il apportât volon-

tairement à la Banque l'or qui ne servait plus
guère aux paiements ordinaires et qu'on gardait
dans les tiroirs. Nous n'avions pas prohibé
l'exportation de l'or au début de la guerre, comme
avait fait l'Allemagne. Les changes nous étaient
favorables et il est entré en France, dans ces
premiers mois, plus d'or qu'il n'en est sorti.
Mais à une situation nouvelle il fallait une politique nouvelle. Je saisis l'occasion que m'offrit
une démarche des députés de la Seine pour
écrire au gouverneur de la Banque une lettre
qui s'adressait plutôt au public, et où j'indiquais
l'intérêt qu'avait le pays à grossir la réserve d'or
de la Banque. L'appel fut entendu, et ce fut une
chose réconfortante de voir avec quelle intelligence rapide et quel désintéressement patriotique
les particuliers, pauvres ou riches, s'empressaient
à apporter aux guichets de la Banque cet or qui
allait devenir une arme aux mains du gouvernement. La Banque organisa des comités de propagande, ouvrit des guichets spéciaux ; et en
quelques mois plus de deux milliards d'or
entrèrent ainsi dans son trésor de guerre. L'encaisse d'or serait portée à 5 milliards et demi.
Qu'est-il resté dans les tiroirs ou les cachettes
des particuliers ? On ne peut faire à ce sujet
que des calculs très incertains. Ce qui paraît sûr,
c'est que la plus forte part de l'or qui était aux

mains du public a été changée contre des billets
de banque. Bien entendu, nous prîmes un décret
pour interdire la sortie de l'or, si ce n'est par
le canal de la Banque de France, et des peines
furent portées contre ceux qui se livreraient à
un trafic sur les monnaies d'or ou d'argent.

Les six mois prévus par l'arrangement ne
s'étaient pas écoulés, que les besoins pressants
de la Trésorerie britannique amenèrent M. Mac
Kenna, le successeur de M. Lloyd George au
ministère des finances, à me demander une
entrevue à Boulogne-sur-Mer. Il vint le 22 août
au rendez-vous, accompagné de lord Reading.
C'est une figure originale que celle de l'ancien
courtier en valeurs de Bourse, puis avocat et
attorney général dans un Cabinet libéral, sous
le nom de sir Rufus Isaac qui indique son origine
israélite, devenu enfin *chief justice* d'Angleterre
et membre de la Chambre haute avec le titre de
lord Reading, du nom de la ville qu'il avait
représentée à la Chambre des communes. Le
visage très fin entièrement rasé, des yeux où un
peu de malice se mêle à beaucoup d'esprit ; de
l'aisance et de la bonne grâce en même temps
que de la souplesse dans la discussion avec de
l'ingéniosité et une habitude de prudence qui
l'empêche de trop s'avancer, tels sont les traits

sous lesquels m'est apparu lord Reading. Je l'ai vu à la Trésorerie et sur son siège de magistrat. Sans abandonner ses fonctions de juge, il était devenu, depuis qu'on était en guerre, le conseiller attitré du chancelier de l'Échiquier. C'est sous son inspiration qu'ont été prises les mesures qui ont, au début de la crise provoquée par la déclaration de guerre, empêché la panique de s'étendre et de durer. Son influence s'est affaiblie après l'arrivée du successeur de M. Lloyd George à la Trésorerie. Les services qu'il a rendus et son habileté reconnue l'ont fait désigner comme ambassadeur à Washington puis comme conseiller à la Conférence de la paix. J'ai entretenu avec lui les meilleures relations. Un jour toutefois, je me suis amusé à lui poser une question indiscrète. Quand M. Bark fit avec M. Mac Kenna en 1916 un accord pour obtenir des crédits, il expliqua au chancelier de l'Échiquier que la Banque d'Empire russe pourrait augmenter l'émission de ses billets, si la Grande-Bretagne voulait lui ouvrir un crédit en or qui servirait de garantie. Les statuts de la Banque permettaient de considérer un tel crédit comme équivalent à de l'or. On imagina donc une combinaison qui consistait à faire ouvrir par le gouvernement britannique à la Banque de Russie un crédit contrebalancé par un crédit de même somme ouvert par le gouvernement russe au gouvernement anglais — à condition que pendant la guerre aucun des deux gouvernements ne pourrait user de ces crédits et qu'à la conclusion de la paix les crédits seraient annulés. Je demandai en souriant à lord Reading ce qu'il penserait comme *lord chief justice* d'un semblable arrangement, s'il avait été conclu entre deux commerçants pour aider l'un d'eux à créer une circulation d'effets de commerce. M. Mac Kenna se mit à rire si bruyamment que je n'ai pas pu savoir ce que lord Reading m'aurait répondu. Le plus piquant dans cette petite histoire, c'est que nos économistes, comme mon excellent ami et confrère M. Paul Leroy-Beaulieu, qui n'étaient pas dans le secret, voyant dans les états de situation de la Banque de Russie que les réserves d'or s'accroissaient de semaine en semaine, félicitaient la Russie de pouvoir augmenter ainsi son encaisse.

... J'oublie que nous étions en août 1915 à Boulogne-sur-Mer et qu'il s'agissait de nous entendre au sujet d'un grand emprunt que le chancelier de l'Échiquier voulait faire aux États-Unis. Dans sa pensée, l'Angleterre devait se charger de le négocier et de l'émettre sous sa signature, sauf à en partager le produit avec la France et la Russie. Mais avant de lancer l'emprunt et pour le faciliter, il fallait amasser une

somme d'or très considérable qu'on serait prêt
à envoyer aux États-Unis. L'annonce seule de
cet envoi disposerait les banquiers à promettre
leur concours pour un emprunt ; car ils redou-
teraient qu'un tel afflux d'or ne fît hausser tous
les prix et ne jetât du trouble dans les affaires.
Pouvait-on compter sur un pareil résultat ? J'en
ai douté pour ma part, et j'ai été confirmé dans
ce sentiment par la tranquillité avec laquelle le
Federal Reserve Board, c'est-à-dire le conseil
supérieur des banques fédérales, a envisagé plus
tard les envois d'or qu'on annonçait d'Europe
aux États-Unis. Quoi qu'il en soit, la Banque
d'Angleterre s'engageait à verser au fonds
commun 40 millions de livres (soit 1 milliard de
francs) en or, dont la moitié serait fournie par les
grandes banques de Londres. On nous demandait,
à nous et à la Russie, de contribuer pour une
somme égale. Comment aurions-nous pu refuser ?
M. Pallain, qui assistait à la conférence, crut
pouvoir s'engager au nom de la Banque de
France. Il pensait sans doute que la Banque
d'Angleterre n'était pas, au fond, si pressée
qu'elle semblait l'être, de faire sortir du Royaume-
Uni une pareille somme pour inonder d'or les
États-Unis. L'événement lui a donné raison.
Nous avons réussi à faire l'emprunt sans qu'aucun
navire chargé d'or soit parti d'Angleterre ou de

France à destination des États-Unis, et le succès de l'emprunt nous a dégagés de la promesse faite à Boulogne-sur-Mer. Mais, un peu plus tard, lord Cunliffe a voulu se prévaloir de l'arrangement de Boulogne pour obliger la Banque de France à verser les 40 millions de livres en or, en offrant de justifier que l'Angleterre avait fait aux États-Unis, avant ou depuis l'arrangement, des envois d'or pour une pareille somme. Nous l'avons engagé à relire l'accord de Boulogne-sur-Mer, qui portait expressément que nous ne nous étions engagés à mettre un milliard de francs en or à un fonds commun que pour assurer le succès de l'emprunt. L'emprunt une fois fait, le succès nous avait libérés de toute obligation. Lord Cunliffe dut reconnaître que nous avions raison. C'était un homme excellent, ayant de la finesse et ce que les Anglais appellent de l'*humour*. Le gouverneur de la Banque d'Angleterre n'est pas un fonctionnaire de l'État comme le gouverneur de la Banque de France. Il est élu par les membres du conseil de la Banque qui sont comme lui des hommes d'affaires. Lord Cunliffe a dû son élévation à la pairie aux services qu'il a rendus au moment de la déclaration de guerre. Il est mort prématurément avant la victoire des Alliés et je l'ai sincèrement regretté, parce que tout en défendant parfois avec une certaine rai-

deur les intérêts anglais, il avait pour la France
des sentiments d'amitié...

Je fus tout de suite d'accord avec M. Mac
Kenna sur la nécessité et l'opportunité de l'emprunt. Mais — revenant à l'idée que M. Lloyd
George avait écartée quelques mois plus tôt —
je demandai que l'emprunt fût fait conjointement
par la France et l'Angleterre. Il y eut de la part
de M. Mac Kenna et de lord Reading une certaine résistance. Ils voulurent me persuader que
l'Angleterre aurait plus de chances de réussir
si elle apparaissait seule que si nous nous mettions
à deux. Peut-être craignaient-ils que nous n'eussions de la peine à marcher ensemble et se
croyaient-ils plus sûrs du succès si lord Reading
était seul chargé de conduire la négociation. Je
ne me laissai pas ébranler, et finalement M. Mac
Kenna accepta que nous fissions l'affaire en
collaboration sur un pied d'égalité.

Les délégués anglais, lord Reading et sir Edward Holden, président de la plus grande banque
de Londres, étaient pressés de s'embarquer pour
les États-Unis. Je désignai pour représenter le
gouvernement français M. Octave Homberg,
conseiller d'ambassade honoraire, entré ensuite
dans les affaires de banque, qui me prêtait
depuis quelque temps un concours très apprécié,
et avec lui M. Ernest Mallet, un des régents de

la Banque de France, dont la maison et la personne étaient connues aux États-Unis de la manière la plus favorable. Quant à la Russie, elle se tenait à l'écart, parce que les mauvais traitements exercés contre les Juifs avaient créé contre elle aux États-Unis, et particulièrement dans les milieux financiers, un courant d'opinion plutôt hostile. Mais il était entendu que nous réserverions sa part dans le produit de l'emprunt.

Les délégués français et anglais, en arrivant à New-York, se trouvèrent en présence des hésitations des banquiers américains un peu désorientés par la nouveauté de l'effort qu'on allait leur demander. Comment pourraient-ils se charger de l'émission d'un emprunt de 500 millions de dollars (un peu plus de 2 milliards et demi de francs) ? C'était là le minimum de nos ambitions. Naturellement, l'Allemagne faisait feu de toutes ses batteries pour jeter le trouble dans l'opinion, semer des inquiétudes, tirer parti de l'impopularité de la Russie. Nos délégués furent obligés de mener une véritable campagne de réunions et de banquets où se manifestèrent avec éclat les sympathies en faveur de la France.

Après bien des consultations, les banquiers, sous la présidence de M. Morgan, se décidèrent à former un vaste syndicat où prirent place toutes les banques, à l'exception de deux ou trois, trop engagées du côté de l'Allemagne, et de nombreux particuliers désireux de voir leur nom figurer sur la liste des souscripteurs. Les obligations, remboursables après cinq ans et productrices d'un intérêt de 5 %, furent prises par les membres du syndicat à 96 % du pair, pour être mises dans le public à 98 %. Chacune des banques faisant partie du syndicat fut autorisée à garder en dépôt le montant de sa souscription jusqu'à ce que la Trésorerie anglaise ou française en eût besoin. C'était une complication ; mais il parut de bonne politique de ménager les intérêts et l'amour-propre des petites banques des divers États aussi bien que ceux des puissants établissements de New-York.

L'emprunt, souscrit pour la plus forte portion par les banques, eut des difficultés à se classer. En réalité, le public américain n'a manifesté aucun empressement à en acheter les titres dont le cours, à la Bourse de New-York, est descendu au-dessous du prix d'émission, malgré les rachats faits par M. Morgan pour le compte des gouvernements alliés, afin d'empêcher une dépréciation trop marquée qui pouvait nuire à leur crédit.

A la suite de cet emprunt, M. Homberg nous proposa de créer à New-York une agence financière qui ne s'occuperait pas seulement de suivre l'exécution du contrat et de tenir la comptabilité de l'emprunt, mais se tiendrait en contact avec le monde financier, rechercherait certaines combinaisons pour augmenter nos ressources et travaillerait à faire peu à peu l'éducation du public et celle des banquiers eux-mêmes. Cette agence, dont M. O. Homberg est demeuré le chef jusqu'en août 1916, a rendu de véritables services.

Combien de temps le produit de l'emprunt suffirait-il à assurer nos paiements aux États-Unis ? Nos dépenses augmentaient si rapidement qu'on pouvait prévoir le jour prochain où nous nous retrouverions en présence des mêmes embarras.

LETTRE XII

COMME je vous l'ai écrit, les 200 millions de dollars qui constituaient notre part de l'emprunt, déduction faite de la part qui revenait à la Russie, devaient être rapidement épuisés. Dès le mois de février 1916 je dus

retourner à Londres pour négocier un nouvel
accord avec la Trésorerie britannique.

L'Angleterre était moins embarrassée que nous
dans ses paiements, parce qu'elle pouvait vendre
sur le marché de New-York ou donner en nantissement des titres américains qu'elle achetait
chez elle. Le montant de ces achats, depuis le
début de la guerre, n'était pas évalué à moins
de 200 millions de livres, c'est-à-dire plus de
5 milliards de francs. On estimait qu'il restait
en Angleterre une somme à peu près égale de
titres qu'on pourrait réquisitionner et envoyer
aux États-Unis. Cette réserve épuisée, il faudrait
tâcher d'emprunter sur des titres de pays neutres,
qui ne se négociaient pas aussi aisément à New-
York que les titres américains.

La France n'avait pas en portefeuille de
valeurs des États-Unis et de titres de pays neutres
qu'on pût comparer au portefeuille anglais. Des
préoccupations de fiscalité un peu étroite ont
fait établir chez nous, pour les valeurs étrangères,
un régime qui ne favorise pas l'admission à la
cote des actions ou des obligations des grandes
sociétés étrangères. Les épargnes de la France
avaient été surtout dirigées vers les fonds d'État
de la Russie, de la Turquie, de la Bulgarie, de
la Roumanie, de la Serbie, sans parler de l'Autriche, tous pays engagés dans la guerre et dont

les titres ne pouvaient nous être d'aucun secours
pour nous procurer des crédits à l'étranger.
L'appel que nous avons fait au public en 1916
a amené dans les caisses du Trésor, en même
temps que des titres américains, des titres de
pays neutres — pour une somme qui a dépassé
1.300 millions de francs. Nous avons demandé
aux propriétaires de ces titres de nous les prêter
pour trois ans, en nous réservant de les acheter
moyennant un prix qui devait sembler avantageux, et que la hausse désordonnée des changes
étrangers dans les mois qui ont suivi l'achat,
opéré par un de mes successeurs, a pu faire
paraître insuffisant. Le public s'est empressé de
répondre à notre appel avec un véritable élan,
si bien que nous avons pu nous procurer plus
de 200 millions de dollars, en donnant les titres
en garantie d'emprunts faits par une société
américaine que M. Morgan a pris l'initiative de
constituer pour notre compte.

Je reviens, après cette digression, au point
où j'en étais, c'est-à-dire à mon voyage à Londres
au mois de février 1916. Il fut convenu, après
des discussions laborieuses, que la Trésorerie
britannique nous ouvrirait de nouveaux crédits,
moyennant un envoi d'or fait à peu près dans
les mêmes conditions qu'au mois d'avril 1915.
Je n'entre pas dans les détails de cet arrangement,

qui ne devait pas nous assurer de ressources pour nos paiements aux États-Unis au delà du 15 juillet. On verrait ensuite à faire un nouvel emprunt aux États-Unis ou à trouver d'autres moyens de crédit. Nous étions dans l'ère des difficultés, en attendant que vînt l'ère des véritables dangers. Je note, en passant, que la Banque d'Angleterre profita de l'occasion pour obtenir de la Banque de France que celle-ci lui vendît 3 millions de livres d'or, en compensation de l'engagement pris en février 1915 par elle de lui prêter 6 millions de livres en or dans le cas où l'encaisse de la Banque d'Angleterre tomberait au-dessous de 80 millions de livres. En retour, le chancelier de l'Échiquier consentit à ouvrir la Bourse de Londres à la négociation des titres possédés depuis le début de la guerre par des Français, à condition que cette négociation eût lieu par l'intermédiaire de la Banque de France et que le produit fût réservé à payer des dépenses en Angleterre. Cette concession, arrachée à M. Mac Kenna par l'insistance de M. Pallain, ne devait pas nous être d'un grand secours. De 1916 à 1918, le produit total des ventes faites à la Bourse de Londres, par application de l'arrangement, n'a pas dépassé la somme de 9 millions de livres.

Le change de Paris sur Londres commençait à baisser dans des conditions qui inquiétaient l'opinion. On se demandait comment les gouvernements ne trouvaient pas un moyen de stabiliser pendant la guerre la valeur relative du franc et de la livre sterling. Cela ne pouvait se faire que par l'ouverture de crédits qui ne seraient pas mis à la disposition du seul gouvernement français, mais profiteraient aussi aux particuliers ayant des paiements à faire en Angleterre. La Banque de France vendait du change sur Londres, mais ses ressources étaient trop limitées pour qu'elle pût enrayer la hausse de la livre, causée par l'écart de plus en plus grand, à notre détriment, entre nos exportations et nos importations. M. Pallain cherchait à faire escompter par la Banque d'Angleterre des bons du Trésor français, en offrant de lui vendre de l'or dans les mêmes conditions où l'avait fait le gouvernement français dans ses précédents accords. J'aurais voulu que la Banque profitât de la promesse que la Banque d'Angleterre nous avait faite, au cours de la conférence du mois de février 1916, de nous faciliter l'obtention de crédits commerciaux à Londres. « Vous paraissez craindre, écrivais-je le 26 mars à M. Pallain, que l'intervention de la Banque de France et de la Banque d'Angleterre ne suffise pas à avoir raison de la répugnance des banquiers anglais à escompter du papier français. Je ne considère pas les tentatives faites de ce côté comme suffisantes. Je vous ai suggéré de réunir les industriels et commerçants qui font de grands achats, notamment les compagnies de chemin de fer, qui ont à elles seules 600 millions de francs à payer à Londres jusqu'à la fin de l'année. En groupant ces sociétés et maisons de commerce, vous pourriez établir un projet d'ensemble qui donnerait lieu à une négociation avec la Banque d'Angleterre et les principales banques anglaises, que vous aurez de grandes chances de faire aboutir en la poussant vigoureusement. Dès que vous serez décidé à agir en ce sens, je n'ai pas besoin de vous dire que vous pourrez compter sur le concours énergique du gouvernement français. »

Je pressais en même temps la venue en France de lord Cunliffe, gouverneur de la Banque d'Angleterre. Le 28 mars eut lieu dans mon cabinet une conférence entre lui et le gouverneur de la Banque de France, assisté de deux régents. Il a été tenu un procès-verbal de cette réunion. Lord Cunliffe accepta, sous réserve de l'approbation du conseil de la Banque d'Angleterre, d'ouvrir à la Banque de France un crédit de 120 millions de livres (3 milliards de francs), au moyen de l'escompte de bons du Trésor français et de l'envoi en or d'une somme pouvant s'élever à 40 millions de livres. Cet or serait restitué à mesure des remboursements des bons du Trésor français, qui commenceraient de se faire une année après la conclusion de la paix.

Le gouvernement français et la Banque de France auraient à fixer leurs parts respectives dans le montant des avances de la Banque d'Angleterre. Le chancelier de l'Échiquier, à qui j'avais fait part de mon intention d'émettre à Londres des obligations de la Défense nationale, en usant de la faculté que m'avait accordée M. Lloyd George en février 1915, me faisait demander par lord Cunliffe de renoncer à cet avantage pour ne pas gêner ses propres opérations. Je réservai naturellement ma réponse jusqu'à la conclusion de l'arrangement, que lord Cunliffe devait soumettre à ses collègues et au chancelier de l'Échiquier.

A son retour à Londres, le gouverneur de la Banque d'Angleterre reçut un accueil qui refroidit ses bonnes dispositions. Le chancelier de l'Échiquier m'écrivit le 8 avril que sa constante préoccupation était de maintenir la parité de l'or et de la livre sterling. De nouvelles avances à la France ne manqueraient pas à la longue de réagir sur le change anglais en Amérique. Il ne pouvait, dans ces conditions, qu'en-

gager la Banque d'Angleterre à limiter ses avances
à 30 millions de livres pour le prochain trimestre,
sans s'obliger à les renouveler. Je considérai
qu'un tel recul pouvait avoir des conséquences
graves au point de vue de notre change. Un
répit de trois mois n'était pas suffisant pour
donner au commerce la sécurité dont il avait
besoin. Je partis seul pour Londres. Je vis
M. Mac Kenna qui fit la plus vive résistance.
J'abordai ensuite avec lui, dans son cabinet à la
Chambre des communes, M. Asquith, à qui je
soumis notre différend. Pour l'emporter plus
sûrement je réduisis notre demande à la somme
de 60 millions de livres, et malgré les efforts du
chancelier de l'Échiquier qui lui peignait la
situation de la Trésorerie britannique sous les
couleurs les plus sombres, M. Asquith me
donna raison.

Dès qu'on sut à Paris que je m'étais mis d'accord avec le gouvernement anglais, la livre sterling, qui était montée à 29 francs, descendit aux
environs de 27 francs, et elle est restée à ce taux
jusqu'à la fin de la guerre. On eût pu la ramener
au-dessous de 27 francs ; mais nous estimions
qu'il était préférable de laisser un peu de marge,
afin de n'être pas obligé de faire un trop gros
effort pour soutenir notre change à New York.

M. Lloyd George était passé de la Trésorerie

au ministère des fabrications de guerre. « Maintenant c'est moi qui dépense », me disait-il en riant. Il ne s'entendait pas toujours avec son successeur. Préoccupés comme nous l'étions de tous les moyens de nous faire ouvrir des crédits aux États-Unis, il avait eu en juin 1916 l'idée d'y envoyer lord Reading avec la mission de déclarer que si les manufacturiers américains ne consentaient pas à faire des arrangements pour faciliter nos paiements, nous ne ferions plus d'achats. Il comptait que, dans une année d'élection présidentielle, cette simple menace de réduire au chômage une partie des usines américaines aurait un effet admirable. Ce ne fut pas l'avis du chancelier de l'Échiquier, ni du Conseil des ministres.

La conférence financière que M. Mac Kenna avait annoncé dès le mois de février l'intention de convoquer, se réunit à Londres en juillet. L'effort des délégués français, parmi lesquels était M. Albert Thomas, se porta sur la création d'un bureau d'achat commun à tous les Alliés qui examinerait les commandes à faire, et s'occuperait de les sérier en tenant compte de leur urgence relative, des ressources de l'industrie américaine et aussi des moyens de paiement. On s'arrêta devant certaines objections qu'éleva le

ministère anglais des fabrications de guerre.
Quant au but principal de la conférence, c'est-
à-dire la recherche des moyens d'obtenir des
crédits, la discussion ne fit aucun pas qui pût
nous en rapprocher. Si les circonstances étaient
favorables après l'élection présidentielle, on
enverrait une mission aux États-Unis. Jusque-là
on vivrait au jour le jour. Il fut seulement convenu que les ministres des deux pays se borne-
raient provisoirement à vendre des titres ou à
emprunter sur titres soit à des banques soit au
public — par l'intermédiaire d'une société qui ne
mettrait sur le marché que ses propres obligations.

Ce dernier engagement avait pour objet de
ménager le crédit propre de la France et de
l'Angleterre en vue de l'emprunt qu'on espérait
pouvoir faire à la fin de l'année.

Il nous fut assez facile de le tenir, parce que,
prompts à saisir les occasions, nous réussîmes
à nous procurer certaines ressources à l'aide
d'opérations que nous n'aurions pu conseiller
à aucun ministre des finances en temps ordinaire. C'est ainsi que nous avons prêté l'oreille
à une proposition de la maison Kuhn Loeb,
une banque de tendances germaniques par certains de ses associés, qui voulait se faire pardonner
de n'avoir pas participé à l'emprunt du mois
d'octobre 1915. Il s'agissait de placer aux États-

Unis des obligations de la Ville de Paris, à
émettre en dollars. Le Conseil des ministres ne
s'arrêta pas à l'objection que pouvait faire naître
l'attitude antérieure de la banque Kuhn Loeb.
Au contraire, l'empressement de cette banque
à nous offrir son concours ne serait-il pas interprété aux États-Unis dans le sens le plus favorable à notre cause ? J'offris à la Ville de Paris
la faculté de garder pour elle-même l'emprunt
ou de le laisser entièrement au compte de l'État
à toute époque qui lui conviendrait. Bien entendu,
si la Ville trouvait avantage à réclamer le bénéfice
de l'opération, elle serait payée en francs par
l'État français, qui conserverait les dollars dont
il avait besoin pour ses paiements aux États-
Unis. La Ville consentit à prêter son nom ;
elle n'a pas eu intérêt à prendre à son compte
l'emprunt, que l'État a remboursé à son échéance.
D'autres emprunts, dans des conditions identiques, ont été faits au nom des villes de Lyon,
de Marseille et de Bordeaux.

Le Trésor français a fait d'autres opérations,
comme l'achat en France d'une grande partie
des obligations de la Compagnie américaine des
chemins de fer de New-York à New-Haven et
la mise en nantissement, puis la vente de ces
obligations, moyennant un prix en dollars, à la
compagnie émettrice.

Les grandes sociétés qui travaillaient pour le ministère des munitions ne pouvaient pas nous refuser leur concours afin d'obtenir des crédits aux États-Unis. Je réunis leurs représentants et je les amenai à former un consortium qui, par l'intermédiaire de la banque Morgan, réussit à placer des obligations pour une somme importante. Le Creusot nous céda, de son côté, des crédits qu'il avait pu se procurer directement aux États-Unis. Je pourrais citer d'autres exemples. Politique d'expédients, direz-vous, mon cher ami. Eh ! oui ; mais ne devions-nous pas épuiser toutes les combinaisons qui pouvaient nous permettre de reculer la date fatale où les moyens de paiement nous feraient défaut si les États-Unis n'entraient pas dans la guerre ? Il fallait, coûte que coûte, aller jusqu'au bout et s'efforcer de gagner des mois, des semaines et des jours.

L'Angleterre était en août 1916 dans une situation difficile. J'appris qu'elle avait fait — en son nom et sans se couvrir du voile d'une société américaine — un emprunt public sur titres de 250 millions de dollars. Cela était contraire à l'engagement pris à Londres en juillet. Je fis demander des explications par notre ambassadeur (18 août). « Ce qui est grave, disais-je, c'est que cet emprunt ait été fait à l'insu du gouvernement français. Nous avions fait tous nos efforts pour que les Alliés unissent leurs forces et leur action sur le terrain financier aussi bien que sur le terrain militaire. L'unité de front n'était pas moins nécessaire pour les opérations financières que pour les opérations de guerre. Si nous agissions les uns et les autres en ordre dispersé, en nous faisant concurrence au lieu de nous soutenir mutuellement, nous épuiserions avant l'heure des ressources qui, mises en commun et sagement aménagées, auraient pu suffire à mener la guerre pendant de longs mois, malgré l'immensité de nos dépenses au dehors... La question est si grave qu'elle dépasse la compétence du ministre des finances et qu'elle doit être l'objet, à brève échéance, d'une conférence entre les chefs des deux gouvernements assistés des ministres des finances. Il faut, de toute nécessité :

« 1º Que les gouvernements alliés fassent le compte exact de leurs besoins à l'étranger et des ressources qu'ils peuvent mettre en commun.

« 2º Qu'ils fassent les achats par l'intermédiaire d'un bureau unique qui centralisera les ordres et les aménagera en les restreignant aux possibilités d'exécution sur le marché des États-Unis et aussi à l'étendue des moyens de paiement dont disposent les Alliés.

« 3° Que les gouvernements alliés s'interdisent de faire isolément aucune opération de crédit aux États-Unis ou ailleurs.

« 4° Qu'on étudie sérieusement les moyens d'obliger les fournisseurs américains à accorder des délais en se procurant eux-mêmes des crédits auprès des banques des États-Unis.

« 5° Que l'Angleterre ouvre plus largement des crédits pour nos achats en Angleterre ainsi que pour le paiement des frets.

« 6° Qu'en retour, la France et la Russie aident l'Angleterre à maintenir la parité de l'or et de la livre en lui prêtant l'or dont elle a besoin. »

M. Asquith se rendit immédiatement en France, accompagné de M. Mac Kenna, de lord Reading et de lord Cunliffe. Une entrevue eut lieu le 24 août à Calais entre eux et les représentants des intérêts français : M. Briand, président du Conseil, le ministre des finances et le gouverneur de la Banque de France. J'expliquai la situation et la nécessité de marcher étroitement unis. Nous avons près d'un milliard de francs à payer par mois à l'étranger. Nos disponibilités actuelles aux États-Unis ne dépassent pas 36 millions de dollars. En Angleterre, nos dépenses ne sont couvertes que jusqu'au milieu de septembre. Nous achetons en Angleterre le charbon dont nous ne pouvons nous passer, et nous avons à payer à la marine anglaise des frets dont le Trésor britannique prend une forte part en prélevant 67 % des bénéfices des armateurs. Nous ne récriminons pas, mais nous demandons qu'on nous fasse crédit. Nous vous avons déjà envoyé 1 milliard 375 millions d'or de la Banque de France, et 125 millions en Espagne et aux États-Unis. Il reste à la Banque 4 milliards 300 millions ; elle ne refusera pas de vous faire une nouvelle avance, à condition que vous nous aidiez en Angleterre et aux États-Unis.

M. Asquith exprima les regrets du gouvernement anglais d'avoir laissé se faire une émission aux États-Unis sans concert préalable ; et M. Mac Kenna expliqua qu'en dix jours on avait été obligé de vendre 40 millions de dollars en or pour soutenir le change, et que les tirages à découvert sur la banque Morgan atteignaient le chiffre de 110 millions de dollars. Il avait fallu prendre un parti de toute urgence. Nos engagements, ajoutait-il, aux États-Unis et au Canada, s'élèvent à 1.163 millions de dollars, sans parler de nos avances à nos alliés. Nous sommes forcés de soutenir le change, et 10 millions de dollars par semaine y suffisent à peine. Il est sorti d'Angleterre 221 millions de livres d'or, dont 52 millions sont venus de France,

28 de Russie, 15 d'Italie, et 126 ont été fournis par l'Angleterre elle-même.

Après une assez longue discussion, M. Mac Kenna proposa de nous ouvrir jusqu'au 15 mars prochain un crédit de 25 millions de livres par mois, dont 17 millions nous seraient fournis en dollars. En retour, il demanda à la Banque une nouvelle avance en or de 50 millions de livres (environ 1.250 millions de francs). Il fut précisé que ce ne   rait qu'une avance et que l'or serait rendu à la Banque de France en proportion des remboursements que l'État ferait à la Trésorerie britannique. Ces remboursements n'auraient lieu que trois ans après la fin de la guerre, et le gouvernement anglais faciliterait à la France, sur le marché de Londres, les emprunts qui lui seraient nécessaires pour se libérer vis-à-vis de la Trésorerie britannique. M. Pallain insista pour que cette avance fût limitée à 40 millions. Mais le président du Conseil l'engagea à faire l'effort qu'on lui demandait, en exprimant la confiance que la guerre ne pourrait pas se prolonger au delà du printemps de 1917... Quelles n'étaient pas, à ce moment, nos illusions ! Et quel n'eût pas été notre découragement, si on nous eût fait entrevoir que la guerre ne finirait qu'en novembre 1918 !... Mais aussi qui eût pu se figurer en août 1916 que le président Wilson, qui menait alors sa campagne présidentielle en se vantant d'avoir su garder la paix pour les États-Unis, jetterait en avril 1917 l'épée de Washington dans la balance, et nous sauverait de la banqueroute où nous touchions par l'impossibilité de payer nos achats aux États-Unis ! Cela ne donne-t-il pas raison, mon cher ami, à ceux qui, dans la tourmente, ne veulent pas regarder trop loin devant eux, qui ne voient que le danger de demain sans penser à celui d'après-demain, qui sont décidés à espérer contre toute espérance et se disent à tout instant qu'une nation décidée à ne pas mourir trouve toujours l'aide dont elle a besoin ? Quand on est arrivé au port, il est doux de se représenter l'image du navire battu des flots où nous luttions contre la tempête. C'est en ce sens qu'on peut dire, sans égoïsme, en songeant à sa propre fortune : *Suave mari magno, turbantibus aequora ventis...*

Mais nous n'en étions pas encore en août 1916 au plus fort de la tourmente. Nous devions connaître dans les derniers jours de cette année et les premiers mois de 1917 de véritables angoisses dont je vous dirai quelques mots dans une prochaine lettre.

LETTRE XIII

J'AI oublié de vous dire, dans ma dernière lettre, que sur les 25 millions de livres que la Trésorerie britannique nous fournirait chaque mois, nous en mettrions dix à la disposition de la Banque de France pour qu'elle pût vendre du change aux particuliers, sans tirer d'ailleurs aucun profit de ces opérations.

Quant à la constitution d'un bureau unique d'achat pour les Alliés aux États-Unis, le ministre anglais des fabrications de guerre avait déclaré qu'il s'y prêterait volontiers. Mais on n'est arrivé de ce côté à aucun résultat, malgré les efforts que nous avons faits. Rien n'est plus difficile que d'obliger des administrations indépendantes à abdiquer quelque chose de leur liberté.

Par l'accord de Calais nous avions achevé de lier à l'étranger notre fortune à celle du Royaume-Uni. Aurions-nous pu faire autrement ? Rien n'eût été plus dangereux, à cette heure de crise, que d'agir en ordre dispersé. Mais les nouvelles qui nous venaient d'Amérique n'étaient guère rassurantes. L'emprunt de 250 millions de dollars que l'Angleterre avait essayé si imprudemment de faire n'avait pas réussi, et, au dire de la banque Morgan, il ne fallait pas espérer qu'on pût tenter quelque appel au crédit avant plusieurs mois. Un des principaux associés de cette banque, M. Davison, qui a été pendant la guerre à la tête de la Croix-Rouge américaine, vint à Paris dans les derniers jours de septembre. Je retournai avec lui la situation dans tous les sens. Il ne voyait rien à faire pour le moment que de vivre au jour le jour en empruntant à très court terme sur l'or que l'Angleterre avait en dépôt à Ottawa.

Mais, si nous en étions là, comment irions-nous jusqu'à la fin de la guerre ?... Les délégués que j'avais envoyés à Londres pour étudier avec les délégués de la Trésorerie britannique, et en particulier avec lord Reading, les moyens de tirer le meilleur parti de nos communes ressources, évaluaient à un milliard et demi de dollars (7 milliards et demi de francs) les paiements que la France et l'Angleterre auraient à faire jusqu'au 1er avril 1917 aux États-Unis : et tout l'or dont la Trésorerie anglaise comptait faire masse ne suffirait pas à couvrir le tiers de cette somme. Les grandes banques anglaises répugnaient à mettre leur signature sur des traites qui seraient payables non pas en livres mais en dollars, et qu'on ferait escompter par les banques régionales des États-Unis. Que devenait l'ancien prestige de la livre sterling ? On nous pressait de gagner du temps en émettant des bons à un ou deux mois. L'opération allait commencer, lorsque tout à coup dans les derniers jours de novembre, le conseil supérieur des banques régionales des États *(Federal Reserve Board)* fait paraître un avis adressé à toutes ces banques pour les inviter à se montrer prudentes, et à ne pas immobiliser leurs ressources dans des obligations à long terme ou dans des placements à courte échéance de nom et d'apparence, mais qui, par la force des choses, se renouvellent constamment pendant la guerre. Il ne faudrait pas que les fonds liquides des banques, qui doivent rester disponibles pour des opérations à court terme en faveur des commerçants et des agriculteurs, fussent absorbés par d'autres besoins. Cela visait directement le projet d'émission des bons à court terme de la Trésorerie britannique. S'adressant non plus aux banques, mais au public, le conseil supérieur l'invitait à se renseigner avant de placer ses fonds dans des emprunts non garantis. Les États-Unis étaient

parvenus à un degré de richesse et de puissance
financière internationale qu'ils n'avaient pu
atteindre pendant des générations. On ne devait
pas compromettre cette puissance. Les États-
Unis en auraient besoin pour prendre part, après
la guerre, au travail de reconstruction internationale qui s'imposerait au monde.

Que pouvait-on penser d'un tel manifeste ?
L'effet qu'il produisit dépassa les intentions de
ses auteurs. Ils avaient voulu surtout rappeler
à l'ordre les financiers de Wall Street et leur faire
payer leur campagne électorale contre le président Wilson — au risque de blesser la France et
l'Angleterre envers qui ils protestaient de leurs
sympathies. Nos banquiers s'inclinèrent aussitôt
et annoncèrent qu'ils renonçaient à émettre des
bons à courte échéance. Cela ne faisait qu'ajouter
à nos embarras. Heureusement l'opinion commençait à se tourner vers l'idée que les États-
Unis ne pourraient pas rester enfermés dans
leur neutralité, qu'ils devraient bientôt entrer
eux-mêmes dans la guerre. Ce serait la fin des
cruelles difficultés avec lesquelles nous étions
aux prises depuis des mois.

Les derniers mois de 1916 et le commencement
de 1917 furent encore très durs. Je ne puis pas
ne pas avoir présentes à l'esprit les conversations
intimes que j'eus en décembre avec M. Bonar

Law, devenu chancelier de l'Échiquier en même temps que *leader* de la Chambre des communes, sous la présidence de M. Lloyd George. Combien le nouveau ministre des finances britanniques ressemblait peu à celui que j'avais connu en 1915 ! Il n'avait ni la grâce, ni les qualités primesautières de M. Lloyd George, mais on sentait chez lui une parfaite sincérité unie à beaucoup de bon sens, et cela mettait en confiance ses interlocuteurs.

M. Bonar Law comptait avec moi les jours pendant lesquels nous pourrions tenir, sans que le change de la livre sterling, support nécessaire de notre change avec New-York, commençât à fléchir. Il restait calme, et sa voix un peu monotone d'ordinaire ne s'échauffait pas quand il envisageait avec moi les perspectives prochaines. Sa conclusion était que nous devions nous servir de notre or — jusqu'à ce qu'il fût épuisé.

Quand j'ai quitté en mars 1917 le ministère des finances, nous étions presque d'accord sur une nouvelle convention par laquelle la Trésorerie britannique nous aurait ouvert de nouveaux crédits de 50 millions de livres, à condition que la Banque de France fît un envoi à Londres de 10 millions de livres en or et expédiât à Ottawa une autre somme de 10 millions de livres qui servirait de réserve. La Banque de France faisait des objections ; elle pensait au crédit de son billet. Le pays ne serait-il pas troublé en voyant s'en aller peu à peu l'encaisse d'or, suprême ressource de l'avenir ?... Nous en étions là : lorsque le 2 avril le président Wilson chassa les nuages en faisant aux Chambres américaines la déclaration de guerre qui allait rendre les États-Unis solidaires financièrement et militairement de la France et de l'Angleterre jusqu'à la victoire finale.

VOUS m'avez demandé quels souvenirs j'ai gardés des ministères dont j'ai fait partie, de la fin d'août 1914 à la fin de mars 1917, avant de devenir président du Conseil. Le ministère de M. Viviani, reconstitué le 26 août 1914, a duré jusqu'en octobre 1915. Le premier ministère de M. Briand a vécu une année, de novembre 1915 à décembre 1916. Son second ministère n'a eu qu'une existence éphémère : formé en décembre 1916 il s'est retiré le 17 mars 1917.

J'ai eu, pendant ces années si pleines de périls, les meilleures relations avec tous mes collègues. Les Conseils des ministres étaient nombreux et duraient longtemps. Il n'y avait plus de Conseils de cabinet. Le président de la République tenait à assister à toutes les délibérations.

M. Viviani écoutait volontiers les avis de ses collègues. Il donnait son opinion avec simplicité et plus de précision qu'en n'en aurait pu attendre d'un orateur plus habitué à s'élever dans les hautes régions de l'éloquence qu'à entrer dans les détails des affaires. On doit lui être reconnaissant d'avoir su traduire dans la journée du 4 août en un langage digne de la France les sentiments du pays, d'avoir contribué à faire l'union de tous les partis en offrant aux socialistes une place dans le ministère et en sachant garder de bons rapports avec les représentants des travailleurs.

M. Doumergue avait le 26 août cédé à M. Delcassé le portefeuille des affaires étrangères. M. Delcassé avait été au quai d'Orsay pendant plus de sept années. Il ne l'avait quitté qu'en 1905, au moment où l'Allemagne nous menaçait de la guerre à propos du Maroc et où M. Rouvier acceptait, pour éviter un conflit avec elle, de soumettre nos accords à l'arbitrage des Puissances réunies à Algésiras. On n'oubliait pas que M. Delcassé était ministre des affaires étrangères en 1903, au moment où le roi Édouard VII vint à Paris inaugurer entre les deux pays l'entente cordiale qui devait effacer les mauvais souvenirs de vingt ans de querelles sans profit et de politique sans vues d'avenir. M. Delcassé avait montré des qualités de travailleur infatigable, de ministre habile à tenir les fils des grandes affaires et à se retourner au milieu des difficultés. Sa connaissance de l'Europe, sa longue expérience et ses bonnes relations avec la Russie devaient l'aider dans sa tâche. On ne peut pas dire qu'il ait su tirer de ces avantages tout le parti qu'on attendait de lui. Il a trop longtemps hésité sur ce qu'il y avait à faire à l'égard de la Turquie et de la Bulgarie. En prenant, dès le début de la guerre, des garanties militaires contre la mauvaise foi du gouvernement ottoman et en laissant de côté tout espoir de ramener à nous Ferdinand de Bulgarie, nous nous serions épargné de graves mécomptes. Mais les hésitations de M. Delcassé sont venues surtout des illusions que se faisait la diplomatie de la Grande-Bretagne, trop confiante dans ses moyens d'action à Constantinople et trop indulgente pour le tsar Ferdinand.

M. Delcassé vivait un peu à l'écart de ses collègues du ministère. Il n'avait pas de goût pour les conversations en Conseil sur la politique extérieure, et je ne suis pas tenté de le lui reprocher. Les conversations engagées à l'improviste, à la suite de la lecture d'une dépêche diplomatique, aboutissent rarement à des vues précises et laissent plutôt du trouble dans les esprits. Le ministre des affaires étrangères doit veiller à ce qu'il n'y ait pas de discussion ou d'échange de vues qui ne soit préparé par lui-même et constamment dirigé vers la conclusion qu'il veut faire prévaloir. Cela ne veut pas dire que le ministre des affaires étrangères ne doit pas tenir ses collègues pour ainsi dire au jour le jour au courant de la politique extérieure. Tout au contraire, il a le plus grand intérêt à ne pas leur laisser ignorer les principales dépêches qu'il reçoit de ses agents, de façon à éviter toute surprise. Quand nous avons été appelés en mars 1915 à délibérer sur l'abandon à la Russie de Constantinople, nous nous sommes trouvés en présence d'une sorte de fait accompli. M. Delcassé nous a dit que l'Angleterre avait déjà promis à la Russie de ne faire aucune opposition à ce qu'elle s'établît définitivement sur les rives du Bosphore. Que pouvait faire la France si l'Angleterre avait déjà pris cette attitude ? Nous ne pouvions que donner aussi notre adhésion. Mais comment n'avons-nous pas été avertis plus tôt des dispositions du gouvernement britannique ? Est-ce à l'Angleterre seule ou aussi à nous-mêmes qu'il faut imputer ce défaut d'entente ? Nous n'avons pas su d'une manière précise ce qui s'était passé et jamais vote de notre part n'a été moins libre et moins entouré de garanties.

M. Delcassé a donné sa démission en octobre 1915, à propos de l'envoi d'un corps de troupes à Salonique. Il était opposé à ce qu'on enlevât à notre front en France aucun de ses éléments. Il partageait à cet égard les vues du général Joffre et aussi celles de M. Clemenceau. Nous avons été chargés M. Millerand et moi de faire une démarche auprès de lui pour l'amener à retirer sa démission. Il céda à nos instances ; mais deux jours plus tard il envoya au président du Conseil une lettre de rupture qui provoqua de la part de M. Viviani une réplique en termes durs et cassants. Nous eûmes l'impression que plus d'une année de labeur écrasant et l'inquiétude qu'il éprouvait de savoir son fils prisonnier en Allemagne avaient épuisé les forces de notre collègue et que sa démission s'expliquait moins par une divergence de vues, si grave qu'elle fût, que par le sentiment qu'avait M. Delcassé de l'impuissance momentanée où le réduisait l'état de sa santé.

Le portefeuille de la guerre était dans les mains robustes de M. Millerand. Rien qu'à voir le ministre de la guerre on devine ce qu'il est. Travailleur infatigable, très enfermé en lui-même, vivant en solitaire plus qu'en homme du monde, demandant peu de conseils et n'aimant pas qu'on lui en offre, très ferme dans les décisions qu'il prend sur l'avis de ses collaborateurs familiers, poussant même la fermeté jusqu'à l'obstination, ayant plus de bon sens et de solidité d'esprit que d'imagination, tenace et patient dans ses ambitions d'ailleurs très justifiées, parlant avec simplicité et avec force, sans aucune recherche d'agrément et d'esprit, il me rappelait par certains côtés, sans pouvoir lui être comparé ni pour l'éloquence, ni pour la culture générale, mon ancien maître M. Dufaure. Du socialisme où il avait fait ses débuts il avait passé dans les rangs du parti républicain les moins éloignés de ce qu'on a appelé le nationalisme. Pendant qu'il était au ministère de la guerre en 1912 dans le Cabinet de M. Poincaré, il a contribué à ce réveil dans la jeunesse française de l'esprit d'autrefois que la défaite de 1870 avait plongé, pendant de longues années, dans une sorte d'engourdissement. Il nous avait engagés, par son exemple, à tenir la tête plus haute et à ne pas trop nous inquiéter du côté d'où pouvait venir le danger.

Ce qu'on a reproché à M. Millerand en 1915, c'est d'avoir laissé se former au grand quartier général de Chantilly un véritable ministère qui tendait de plus en plus à usurper sur le rôle du gouvernement. J'ai essayé de marquer exactement, dans ma déclaration ministérielle du 21 mars 1917, les rapports qui doivent exister, en temps de guerre, entre le gouvernement et le commandant en chef des armées. Lorsqu'il a choisi le général qui a la charge de conduire les opérations militaires, il doit le laisser entièrement libre de les mener sous sa responsabilité. Il n'a pas d'ordres à lui donner pour prescrire ou pour interdire telle opération. C'est au chef responsable à agir suivant ses idées, en obéissant à ses propres inspirations et en se décidant d'après l'ensemble des informations qui lui parviennent. Mais le gouvernement doit garder la direction politique de la guerre, en ce sens que lui seul peut marquer les objectifs à atteindre et mesurer les forces qu'il tient en réserve, à la disposition du général en chef. S'il doit exiger que les plans de campagne lui soient soumis, ce n'est pas pour substituer ses idées stratégiques à celles du commandement, mais pour s'assurer que ces plans répondent à ses vues politiques et à l'effort que le pays peut fournir en hommes et en matériel. La limite est quelquefois délicate à tracer dans la pratique. Mais, en principe, le rôle du gouvernement et celui du général en chef ne doivent pas se confondre, non plus que l'état-major du grand quartier général ne doit absorber les fonctions de l'état-major qui continue d'agir auprès du ministre de la guerre. Encore moins le grand quartier général doit-il avoir l'ambition d'attirer auprès de lui les attachés militaires des pays alliés, d'entretenir des relations directes avec les ministères de la guerre de ces pays et de faire, en dehors du gouvernement, de la diplomatie par ses agents à l'étranger.

M. Millerand avait laissé peu à peu se diminuer le rôle du ministre de la guerre et se réduire presque à celui que remplissait sous le premier Empire le ministre de l'administration de la guerre. Il considérait que son devoir était de fournir au général en chef tous les moyens dont il avait besoin et, pour tout le reste, de lui faire confiance. Conception qui s'inspirait d'un sentiment de patriotisme très élevé : mais trop étroite pour répondre aux vues du ministère et aux exigences des Chambres qui voulaient avoir devant elles un gouvernement responsable. L'effort que fit M. Millerand pour créer le matériel dont nous manquions si cruellement au début de la guerre mérite assurément d'être loué. On peut difficilement se faire une idée de la détresse où nous étions en octobre 1914 : ni fusils en nombre suffisant, ni munitions pour notre artillerie. Il fallut tout improviser. Malheureusement, le directeur de l'artillerie au ministère de la guerre ne croyait pas que l'artillerie lourde pût servir à autre chose qu'à battre les places fortes. L'exemple des Allemands n'avait pas suffi à changer à cet égard les idées de l'état-major. On croyait encore, même après la bataille de la Marne, au grand quartier général, que notre canon de 75 pouvait suffire aux armées en campagne. Le ministre de la guerre eut à souffrir des imprudences de son directeur de l'artillerie, qui soutenait que le nombre de nos batteries de campagne était plus que suffisant. M. Millerand sentit qu'il fallait, au contraire, faire un effort énergique pour porter à son maximum la fabrication des canons et des munitions. Le choix qu'il fit de M. Albert Thomas pour le poste de sous-secrétaire d'État chargé de la direction de l'artillerie fut accueilli avec faveur par le Conseil des ministres et par la Chambre des députés. Mais la Chambre réclamait du ministre qu'il créât d'autres sous-secrétariats d'État. M. Millerand, après avoir résisté, cédait au courant lorsque se produisait la crise qui devait se terminer par la constitution d'un nouveau ministère.

M. Viviani n'avait été mis en minorité dans aucun vote, mais il éprouvait de la difficulté à vivre ; il sentait le besoin de renouveler le personnel du ministère, et il cherchait à faire entrer dans le nouveau Cabinet qu'il formerait des membres considérables du Sénat qui n'auraient pas de portefeuille, mais apporteraient au gouvernement le secours de leur expérience et l'appui de leur autorité. Vous savez comment il ne put y réussir et fut amené à donner sa démission en octobre 1915.

Le président de la République m'offrit, en présence de M. Briand, de former le ministère. Je refusai parce que je voulais me consacrer tout entier au succès du premier emprunt et parce que M. Briand s'était déjà assuré les concours nécessaires.

Le nouveau ministère était imposant par le nombre des anciens présidents du Conseil qui en faisaient partie : M. de Freycinet, M. Combes, M. Léon Bourgeois, M. Méline. On imagina de tirer de l'oubli le titre de ministre d'État, qui répondait sous l'Empire à une fonction toute spéciale, et qui en Belgique équivaut à une sorte d'honorariat pour les ministres qui ont mérité cette distinction. Chez nous, le ministre d'État devait être en réalité un ministre sans portefeuille, prenant part aux délibérations du Conseil, mais n'ayant pas la main aux affaires. MM. de Freycinet, Émile Combes et Léon Bourgeois furent ministres d'État, avec M. Denys Cochin. L'institution n'a pas eu de succès, et, quand il forma en décembre 1916 son second ministère, M. Briand la sacrifia de ses propres mains. Il y eut quelque difficulté à faire accepter par les ministres d'État que M. Malvy gardât le portefeuille de l'intérieur. Mais à la suite d'une démarche des bureaux des groupes radicaux de la Chambre des députés — et sur le témoignage des collègues de M. Malvy qu'il n'avait apporté aucun esprit sectaire dans ses fonctions de ministre, qu'au contraire il avait fait tous ses efforts pour maintenir l'union, M. de Freycinet et ses collègues ne s'opposèrent plus à ce qu'il restât à la place Beauvau.

Vous n'attendez pas de moi que je fasse l'histoire de ce premier ministère de M. Briand, pas plus que je n'ai fait l'histoire du ministère de M. Viviani. Il a eu des jours critiques, comme son prédécesseur. L'heure n'est pas venue de prononcer un jugement sur ses actes, dont je partage avec le président du Conseil et avec mes collègues la responsabilité. J'aurai l'occasion, quand je vous parlerai du ministère que j'ai moi-même dirigé, de marquer pourquoi j'ai fait, en ce qui concerne les affaires de Grèce, une politique différente de celle de M. Briand. Je m'expliquerai aussi sur notre établissement militaire à Salonique, qui faillit être abandonné au lendemain de la constitution du nouveau ministère, et que j'ai eu à défendre à mon tour contre la résolution du gouvernement anglais de retirer ses troupes de la Péninsule pour les transporter en Mésopotamie.

Je n'ai pas à dire ce que nous devons à la collaboration d'hommes tels que M. de Freycinet. Ses conseils étaient écoutés avec le plus grand respect ainsi que ceux de ses collègues du Sénat. Mais les délibérations du Cabinet étaient plus difficiles depuis que le nombre des ministres s'était accru ainsi que celui des sous-secrétaires d'État. On prolongeait les séances au delà des limites raisonnables sans qu'il sortît des discussions des décisions mieux arrêtées. En temps de guerre, plus encore qu'en temps de paix, il faudrait réduire le nombre des personnes qui ont voix au chapitre. C'est sur les questions de politique extérieure que les délibérations étaient le plus laborieuses. Le président de la République n'était pas d'accord avec le président du Conseil, surtout en ce qui concerne la Grèce. Les discussions ont été quelquefois très vives et ont même donné lieu à de véritables violences de langage. M. Briand avait l'habitude d'apporter au Conseil les dépêches sans les avoir étudiées pour se faire une opinion. Il les lisait en cherchant sur les visages des ministres l'impression qu'elles produisaient et, avec une habileté et une souplesse infinies, il prévenait les objections qu'il devinait dans l'esprit de ses collègues et nuançait sa propre pensée de manière à l'accorder avec le sentiment

qui lui semblait se dégager de la conversation.
J'ai souvent admiré la fertilité de ses ressources,
la finesse de son esprit, l'espèce de séduction
qu'il exerce sur ses interlocuteurs. On voudrait
être toujours de son avis, quand on l'écoute ;
mais le charme s'évanouit quand il cesse de
parler et qu'il faut peser les raisons de décider
au lieu de se laisser aller aux sortilèges de l'éloquence.

Ne m'en demandez pas plus pour aujourd'hui ;
encore une fois je ne fais pas ici de l'histoire.
Je vous donne tout au plus quelques impressions
au hasard de la plume, sans avoir la prétention
de révéler aucun secret, ni de porter un jugement
définitif sur ces faits d'hier qui s'éclaireront
pour nos successeurs du reflet des événements
de demain et d'après-demain. L'avenir n'est pas
seulement juge du passé ; il lui donne sa vraie
couleur, celle qui est durable et qui échappe si
souvent aux yeux des contemporains. Quel
dommage, me direz-vous, de ne pouvoir vivre
à la fois dans le présent et dans l'avenir !

LETTRE XV

JE ne vous ai rien dit encore des ministres de la guerre qui ont succédé à M. Millerand. Le général Galliéni a été le premier de ces successeurs. Il était déjà malade quand il a pris possession de ses fonctions dans le premier ministère de M. Briand. Le choix était le meilleur qui pût être fait ; mais Galliéni ne devait que passer au ministère, sans avoir pu donner la mesure de ses grandes qualités. Il parlait peu au Conseil, toujours avec autorité et sans aucune recherche de l'effet qu'il produirait. Il avait quelque chose d'un peu brusque dans sa parole qui, chez un militaire, ne laisse pas que de plaire aux civils. Il souffrait impatiemment que le général Joffre eût, dans ses mains, non seulement le commandement en chef mais quelques-unes des attributions essentielles du ministre de la guerre. Peu de temps avant que sa santé l'obligeât à quitter le ministère, il me dit un jour, en me ramenant au ministère des finances, qu'il n'avait aucune ambition de prendre le commandement des armées, mais qu'il ne souffrirait pas que le ministre de la guerre et le général en chef ne fussent pas chacun à sa place. Le général Roques, qui lui a succédé au ministère de la guerre, était appliqué à sa besogne et avait l'expérience des choses militaires. Il manquait d'envergure d'esprit et ne voyait pas les choses d'assez haut. Il a traversé le ministère sans y laisser fortement la trace de son passage.

Le ministre de la marine dans le ministère de M. Viviani était M. Augagneur. Il n'y faisait pas mauvaise figure, quoi qu'on ait dit de son inexpérience. La plus grosse faute qu'il ait commise, a été de donner trop facilement son adhésion au projet de M. Winston Churchill de forcer les Dardanelles avec les seules ressources des vaisseaux français et anglais, sans appui d'une armée de terre. Entreprise téméraire, insuffisamment étudiée, et qui devait finir par un échec retentissant. Quand M. Augagneur fut remplacé, dans le ministère Briand, par le contre-amiral Lacaze qu'il avait mis en disgrâce, à la suite d'un dissentiment avec le vice-amiral Boué de Lapeyrère, il protesta avec vivacité dans la dernière réunion tenue par le Cabinet qui allait se transformer.

Comme je vous l'ai dit tout à l'heure, M. Briand avait appelé auprès de lui plusieurs sous-secré-

taires d'État nouveaux. Parmi eux étaient M. Loucheur et M. Claveille. Tous deux étaient des
techniciens et ont rendu des services importants
dans les fonctions spéciales qui leur ont été
confiées : M. Claveille au département des
transports et M. Loucheur au ministère de
l'armement et des munitions. Homme d'initiative, plein de hardiesse et de ressources d'esprit,
ayant de plus l'art de rendre intéressant et de
faire vivre pour ceux qui l'écoutent l'exposé de
ses conceptions, M. Loucheur a joué, dans les
ministères où il a passé jusqu'à la retraite de
M. Clemenceau, un rôle qui n'a cessé de grandir.
Il y a chez lui, en même temps que de grandes
qualités d'homme pratique et prompt à mettre
en œuvre ses conceptions, une confiance un peu
excessive en lui-même, et le tempérament d'un
homme qui jouerait volontiers avec la destinée,
sûr qu'il est de faire tourner la chance de son
côté. Il y a quelque danger à le laisser seul en
tête à tête avec les difficultés. Mais, tout compte
fait, c'est un des hommes de valeur que la guerre
a révélés et qui tiendra une place importante
dans la politique de demain, s'il a la patience
d'attendre son heure et la sagesse de ne pas
trop se complaire aux détours de la politique
qu'il ne connaît que d'hier et qui n'ont déjà
plus pour lui de secrets.

Dans les premiers jours de décembre 1916, M. Briand se résolut à donner sa démission pour reconstituer le ministère. En Angleterre, M. Lloyd George venait de faire un petit coup d'État parlementaire en obligeant M. Asquith à se retirer et en prenant la direction d'un gouvernement composé, pour la plus forte part, de chefs du parti conservateur. Il avait réussi, parce qu'il s'était présenté à l'opinion publique comme décidé à donner à la guerre une impulsion plus vigoureuse, en concentrant les pouvoirs ministériels dans un comité de cinq membres. Les ministres seraient les exécuteurs des décisions du *War Cabinet*. Pour se réserver plus de temps et plus de liberté, le premier ministre renonçait à diriger personnellement les débats de la Chambre des communes. Il remettait les fonctions de *leader* au chef des Unionistes, M. Bonar Law. C'était une sorte de révolution dans les habitudes parlementaires de la Grande-Bretagne.

M. Briand voulut se mettre à l'unisson avec le gouvernement anglais. On lui reprochait d'avoir un cortège trop opulent de ministres et de sous-secrétaires d'État. Il trancha dans le vif en supprimant les ministres d'État et en remettant plusieurs portefeuilles dans les mains d'un seul ministre. Le Conseil de défense nationale, qui avait continué de fonctionner pendant la guerre, fut remplacé par un comité de guerre composé de cinq ministres. Mais, à la différence de ce qui se faisait en Angleterre, ce comité, au lieu de concentrer en ses mains tous les pouvoirs, devait faire approuver par le Conseil des ministres les décisions qui engageaient la responsabilité du gouvernement. La Constitution voulait qu'il en fût ainsi, et les ministres qui ne faisaient pas partie du comité n'étaient pas fâchés de faire sentir, à l'occasion, qu'ils avaient leur mot à dire même quand il s'agissait de décisions d'un caractère plus militaire que politique. C'est ainsi que le Conseil des ministres refusa d'approuver la nomination du général de Castelnau aux fonctions de chef d'état-major général que le comité de guerre avait proposée à son approbation. Cet incident faillit avoir des suites désagréables. M. le général de Castelnau crut qu'il était de sa dignité de résigner la mission qu'il avait acceptée de se rendre à Pétrograd avec M. Doumergue et lord Milner. Il ne fallut rien de moins que les instances du général Lyautey, ministre de la guerre, et une intervention personnelle du président de la République, pour le décider à sacrifier ses hésitations à un sentiment très élevé de son devoir envers la France.

C'est au général Lyautey que M. Briand

s'était adressé pour remplacer le général Roques au ministère de la guerre. Le général Lyautey était resté, depuis le début de la guerre, au Maroc. Il avait pris sur lui de ne pas exécuter l'ordre qu'on lui avait donné de retirer nos postes avancés et de se replier sur nos bases maritimes. Service immense qu'il avait ainsi rendu au pays. Quelle audace une retraite de nos troupes n'aurait-elle pas inspirée aux indigènes en lutte contre nous ! et l'œuvre brillamment commencée n'aurait-elle pas été toute à refaire ? Il ne fallait rien moins que l'ascendant du général Lyautey dû à ses grandes qualités d'entraîneur d'hommes, d'administrateur avisé et de diplomate habile, pour assurer de tels résultats. En acceptant le ministère de la guerre, le général allait se trouver dépaysé et privé d'une partie de ses moyens. Il ne se refusa pas ; mais quand il arriva à Paris, il fut tout surpris d'apprendre que le ministère de la guerre était coupé en deux : celui de la guerre proprement dit et celui de l'armement et des munitions à qui M. Albert Thomas, devenu ministre, voulait qu'on rattachât entièrement l'artillerie. Ce qui le surprit encore plus, ce fut la nomination faite avant son arrivée du général Nivelle comme commandant en chef des armées en remplacement du général Joffre.

M. Briand s'était, en effet, décidé à donner

satisfaction à une partie de l'opinion de la Chambre des députés qui reprochait au général Joffre de laisser traîner la guerre en longueur et de n'avoir pas donné à notre offensive sur la Somme une impulsion assez vigoureuse. L'histoire rendra au général Joffre la justice qu'il mérite pour n'avoir pas désespéré de la victoire, après nos premiers échecs et cette retraite des bords de la Meuse jusqu'à la Marne qui pouvait se tourner en désastre si le commandant en chef n'avait gardé son sang-froid et inspiré confiance à tous par son calme et sa décision. Si la victoire de la Marne ne lui appartient pas tout entière, si Galliéni et Foch ont mérité d'en avoir leur part glorieuse, il serait injuste de ne pas en attribuer l'honneur principal au général Joffre. C'est lui qui, dans un ordre du jour immortel, a marqué le point où la retraite devait s'arrêter et se retourner en une offensive d'ensemble sur le front immense de nos armées. Il n'y a pas, dans l'histoire des guerres, d'opération plus étonnante et plus digne d'admiration. Quoi qu'on pense des erreurs du commandant en chef dans le début de la guerre, quelques critiques qu'on ait pu lui adresser par la suite, le général Joffre restera pour la postérité le vainqueur de la Marne et cela suffit à consacrer son nom devant l'histoire. J'ai vu souvent le général Joffre dans les réunions du comité de guerre. Il manquait de vivacité d'esprit, il n'avait pas d'éclairs dans l'exposé qu'il faisait de la situation militaire ; mais il expliquait ses idées avec beaucoup de clarté et on ne pouvait pas ne pas être frappé de ce qu'il y avait de bon sens et de solidité dans ses jugements. En lui retirant le commandement effectif des armées, on avait voulu en faire une sorte de grand conseiller du gouvernement pour la conduite générale des opérations en France et sur les autres théâtres de guerre. Le général ne se résigna pas à cette situation mal définie qui ne pouvait qu'être la cause de tiraillements entre lui et le nouveau commandant en chef. Pendant que j'étais à Londres en décembre 1916, le ministre de la guerre fit signer un décret qui relevait en l'honneur du général Joffre la dignité de maréchal de France.

LETTRE XVI

LE second ministère de M. Briand ne devait avoir qu'une existence précaire. Il avait à la Chambre des députés des ennemis nombreux et acharnés. On lui en voulait de ce que la guerre durât si longtemps. L'échec infligé à la Roumanie, au lendemain de son entrée en guerre si longtemps attendue, on était tenté d'en rendre, très injustement, responsables le président du Conseil et le gouvernement tout entier. La Chambre des députés aurait voulu faire passer sa mauvaise humeur en brisant un Cabinet. Elle n'osait pas le faire, parce qu'en temps de guerre il était convenu qu'on ne devait pas renverser les ministères. Mais on retirait au Cabinet les moyens de vivre, en lui marchandant de plus en plus les votes dans les scrutins et en multipliant les abstentions. Le ministère se sentait glisser peu à peu dans le vide.

M. Clemenceau était au premier rang des

adversaires de M. Briand. Il s'était mis à la tête
d'un groupe de mécontents recrutés surtout à la
Chambre des députés, et dont faisaient partie
M. Georges Leygues, M. André Tardieu,
M. Maginot. Cette opposition ne faisait pas
grande figure à la tribune ; mais elle agissait dans
les coulisses des Chambres, dans les réunions
de députés et de sénateurs, et aussi dans la presse
malgré les restrictions de la censure. M. Clemenceau avait plusieurs fois refusé son concours
à M. Viviani. Il voulait rester en dehors du
ministère ou y avoir la première place. L'heure
n'était pas venue où M. Poincaré pourrait la lui
offrir. L'opposition de M. Clemenceau portait
sur toutes choses, sauf toutefois sur les finances.
Ses critiques étaient assez souvent justes, quoique
excessives. Le ministère les supportait avec
impatience. On avertit, et puis on suspendit
l'*Homme libre* qui devint l'*Homme enchaîné*.
M. Clemenceau a, par esprit de contradiction,
blâmé des initiatives qu'il aurait sans doute
prises s'il avait été ministre. Ainsi l'expédition
de Salonique n'a pas eu d'adversaire plus acharné.
Quand M. de Freycinet est entré dans le ministère, M. Clemenceau lui a succédé à la présidence
de la commission de l'armée et de la commission
des relations extérieures du Sénat. De ce double
observatoire, il surveillait de près les ministres

et, à l'occasion, il les harcelait de questions sans se découvrir tout à fait. C'est seulement dans les comités secrets du Sénat que, mis en demeure de prendre position, il avait attaqué de front M. Briand. L'attaque avait d'ailleurs mal tourné pour lui. Son discours avait été d'une grande faiblesse. Il était ce jour-là malade et tout le monde le sentait. Au vote il ne fut suivi que par cinq ou six amis personnels parmi lesquels était M. Stephen Pichon. Qui eût cru, à ce moment, qu'il serait le président du ministère qui aurait l'honneur de terminer la guerre !

Puisque j'en ai l'occasion, vous ne m'en voudrez pas de vous parler un peu de M. Clemenceau. J'ai eu avec lui à toutes les époques de bonnes relations, sans jamais avoir été de ses amis politiques ni de ses familiers. Nous sommes entrés dans la politique par des portes très différentes. Il était député à l'Assemblée nationale où il siégeait à l'extrême-gauche quand j'étais un collaborateur de M. Dufaure au ministère de la justice. Les souvenirs du rôle qu'il avait joué comme maire de Montmartre, au début de la Commune, contribuaient à lui donner une figure assez inquiétante. Peu s'en fallait qu'on ne l'accusât, à cette époque, d'avoir été complice du meurtre du général Clément Thomas et du général Lecomte. Devenu à mon tour député

et siégeant au centre gauche, j'étais naturellement l'adversaire de M. Clemenceau. Mais
comme il combattait les ministères à qui je faisais
moi-même de l'opposition pour des motifs très
différents des siens, nous ne nous sommes pas
pris corps à corps dans les luttes de tribune.
Lors de l'affaire du Panama, je n'ai pas voulu,
comme président du Conseil, donner la main
à ses ennemis qui le traquaient avec le désir de
l'abattre. Il m'en a remercié un jour, dans les
couloirs de la Chambre, en me disant : « Vous
êtes un brave homme ».

M. Clemenceau avait un talent supérieur de
polémiste. Il se servait de la parole comme
d'une épée. Il intervenait le plus souvent à la
fin d'une discussion. L'attention de la Chambre
un peu lasse se réveillait. Il donnait à ses argu-
ments une apparence de dialectique serrée qui
faisait illusion sur leur valeur de fond. Il avait
une façon de pousser des coups droits qui
déconcertait ses adversaires, même quand ils
s'attendait à les recevoir. C'était moins un
orateur qu'un escrimeur de premier ordre.
Quand il essayait de faire un grand discours
d'exposition d'idées et de doctrines politiques,
il était inférieur à lui-même. Le discours était
mal composé ; souvent on y reconnaissait les
passages qu'une collaboration y avait fait intro-

duire. Cela manquait de verve et de souffle oratoire. Mais les répliques improvisées étaient le plus souvent étincelantes et des mots restaient comme des flèches dans la plaie.

Il était un radical, en ce sens qu'il poussait en théorie ses idées politiques à leurs dernières conséquences. Mais il ne voisinait pas, comme la plupart des radicaux, avec les socialistes. Il a toujours eu de l'aversion pour Jaurès. Au fond, il y a dans M. Clemenceau un bourgeois de 1789 ou, si on veut, de 1793 et pas du tout un disciple de Babeuf. Il est dans la vieille tradition française par sa culture intellectuelle, par l'admiration qu'il a toujours eue du génie de la Grèce antique. Il est très hostile à ce qu'on appelle le cléricalisme, à l'influence du clergé dans la politique ou dans l'éducation. Mais son anticléricalisme ne l'a pas empêché de défendre, à la tribune du Sénat, la liberté d'enseignement. En cela il se sépare nettement des radicaux. Il est patriote, comme l'ont été les hommes de la Révolution française. Il a horreur des doctrines qui tendent à élargir l'idée de patrie jusqu'aux limites de l'humanité et à la dissoudre à force de l'étendre. Il n'a pas eu le loisir d'étudier à fond ni la législation, ni les finances, ni la diplomatie. Longtemps il a donné l'impression qu'il ne pouvait pas être un homme de gouvernement, mais seulement un homme d'opposition. Quand, après avoir renversé tous les ministères, il a été appelé à faire partie du ministère de M. Sarrien, puis à former lui-même un Cabinet, il a fait preuve de souplesse et d'habileté. Ses boutades, ses sautes d'humeur ne lui ont pas fait de tort. On aime ses façons un peu cavalières. Il a gardé rancune non seulement à M. Delcassé qui l'a renversé, mais à M. Briand qui lui a succédé, après avoir été un des membres de son Cabinet. Il en a voulu particulièrement à M. Caillaux dont il a commencé la fortune politique en lui confiant le portefeuille des finances.

Lors de l'élection du président de la République en 1913, il a fait une campagne ardente pour écarter M. Poincaré. Il n'a pas pardonné à M. Poincaré d'avoir été élu avec l'appui de la droite. Il n'a pas cessé, jusqu'au jour où il a été appelé par M. Poincaré lui-même à faire un ministère, de l'attaquer dans sa personne et dans les ministères qui se sont succédé. Il a repris sa plume de combat et il n'a jamais été plus ardent et plus mordant. La guerre qu'il avait sentie toute proche dès 1913 ne l'a pas surprise. Elle lui a inspiré les plus beaux articles qu'il ait écrits, graves, éloquents, pleins du plus noble patriotisme. Mais en même temps qu'il écrivait ces articles, il menait une campagne toute de

passion et de parti-pris contre les ministères
dont il avait refusé de faire partie. Personne
d'ailleurs n'a trouvé grâce devant lui, ni les
ministres français, ni les ministres anglais, ni le
président Wilson qu'il a violemment malmené
avant l'entrée en guerre des États-Unis. Il a
fini par s'imposer au président de la République
en se rendant populaire dans l'armée et aussi
dans le pays par ses dénonciations ardentes
contre M. Malvy et M. Caillaux. La Chambre
des députés ne l'a pas vu venir sans inquiétude ;
mais elle lui a su gré de l'exclusive que les socialistes avaient prononcée contre lui. Les socialistes, convaincus qu'on n'oserait pas mettre à
la tête du gouvernement l'ancien président du
Conseil, dont le nom rappelait des conflits vio-
lents avec les ouvriers, les grèves de Draveil,
ont travaillé à lui ouvrir les voies en se retirant
de l'Union sacrée. Ils se sont trompés sur leurs
propres forces et sur les sentiments du pays. Ce
sont eux qui ont le plus contribué à l'avènement
de l'homme qu'ils considéraient comme leur
ennemi. L'histoire est pleine de ces surprises.

Vous ne me demandez pas de faire ici l'histoire
du ministère de M. Clemenceau. Il aura devant
la postérité l'honneur d'avoir conduit la guerre
jusqu'à la victoire. Les ministres qu'il a attaqués
sans répit ont été plus justes à son égard qu'il

ne l'a été envers eux. Ceux qui, au fond, ne lui ont pas pardonné son opposition, n'ont rien fait contre lui pendant la guerre. Ils ont attendu qu'il eût fait connaître son dessein de devenir président de la République, pour se mettre en travers de son ambition et lui faire une guerre de couloirs qui devait lui devenir fatale. A l'heure où je vous écris, M. Clemenceau est retiré de la politique et garde le silence. Sa popularité n'est plus ce qu'elle était au lendemain de l'armistice. Néanmoins la France lui demeure reconnaissante d'avoir tenu tête résolument aux socialistes, alors que, séparés des autres partis, ils en arrivaient à donner la main aux partisans de la paix sans victoire, à ceux qu'ils avaient eux-mêmes combattus. Elle lui sait gré d'avoir, dans les moments les plus critiques, soutenu les courages et fait le serment de résister jusqu'à la mort. J'ai oublié toutes ses fautes pour me joindre à ceux qui ont demandé au Sénat de déclarer solennellement qu'il avait bien mérité de la patrie.

LETTRE XVII

VOUS savez quel incident a provoqué la démission de M. Briand et de ses collègues. C'est le général Lyautey, ministre de la guerre, qui, sans s'en douter, a amené la dislocation du Cabinet. Son premier mouvement avait été de refuser le ministère de la guerre. M. Briand réussit à obtenir qu'il n'en fît rien. Mais le général, peu préparé à ses nouvelles fonctions, ne s'y est jamais installé solidement. Il n'a pas donné l'impression qu'il dût les garder longtemps. Personne toutefois ne s'attendait à l'éclat qu'il fit à son retour de Londres en mars 1917. Il avait été accueilli par le roi et par les ministres avec des égards particuliers. Il était, en nous quittant, de bonne humeur et d'esprit tranquille... Il connaissait mal la Chambre des députés et il ne lui déplaisait pas d'avoir vis-à-vis d'elle une certaine allure un peu cassante ; mais en faisant allusion, à contre-temps, aux dangers des comités secrets, il n'avait pas le parti-pris de la blesser. Il a dû être surpris lui-même de l'effet produit par sa parole.

Sa démission devait entraîner celle du Cabinet tout entier. Depuis plusieurs semaines, M. Briand sentait qu'il était à la merci d'un incident. Il ne se décidait pas à la retraite, mais il y faisait allusion dans ses conversations. Il dit un jour, en Conseil des ministres, qu'il voulait avoir avec moi un entretien à ce sujet. Je marquai par mon attitude que je ne me souciais aucunement de prendre, à défaut de M. Briand, la présidence du Conseil. Faire un Cabinet, dans de telles circonstances, était l'entreprise la plus ingrate qu'on pût imaginer, — surtout pour un membre du Cabinet qui avait été associé pendant la guerre à la fortune de trois ministères. Si le crédit du Cabinet actuel était épuisé, il valait mieux faire du nouveau en prenant le président du Conseil hors du ministère, que d'essayer de remettre à flot la barque ministérielle. Je ne pouvais, en arrivant aux affaires, me séparer de tous mes collègues avec qui j'avais vécu pendant des années... Et comment choisir entre eux ceux qui devaient être sacrifiés ?... Vous conviendrez que c'était la pire chose qui pût m'arriver que d'être obligé de faire un ministère.

M. Briand essaya de trouver un successeur au général Lyautey. Il offrit le portefeuille de la

guerre à M. Painlevé, à M. Maginot, à M. Albert
Thomas et à M. Noulens. Personne ne voulut
l'accepter ; et M. Briand comprit qu'il n'avait
plus qu'à remettre au président de la République
la démission du Cabinet. Je sentis vite qu'il
me serait impossible de me dérober. Qu'aurais-
je pu alléguer pour me soustraire à la tâche qu'on
m'imposait ? Il n'y avait à ce moment personne
dans les Chambres qui parût en état de prendre
la direction des affaires. Ma situation dans les
Chambres n'avait pas cessé d'être solide, et ma
santé n'avait pas fléchi pendant ces deux années
et demie d'un labeur écrasant. Je n'avais pas
besoin d'une grande perspicacité pour voir ce
que j'allais perdre en échangeant le portefeuille
des finances contre la présidence du Conseil.
La Chambre était fatiguée, inquiète de la longueur de la guerre ; la majorité commençait à
supporter mal l'alliance avec les socialistes,
quoiqu'elle ne fût pas encore préparée à une
rupture avec eux. De leur côté les socialistes,
qui sentaient croître parmi eux des divisions, au
lendemain surtout de la Révolution russe, ne
mettaient aucune bonne humeur à soutenir un
Cabinet où ils avaient un représentant. Ils laissaient percer l'ambition de prendre une place
plus grande dans le gouvernement, en attendant
qu'ils pussent en devenir les maîtres. Le Cabinet

que je formerais ne serait donc soutenu cordialement ni à droite ni à gauche. Il fallait s'y résigner et compter, pour vivre, sur l'heureux développement de l'offensive qui était en préparation depuis plusieurs mois et dont on escomptait déjà le prochain succès. L'espérance de l'entrée en guerre des États-Unis pouvait compenser les inquiétudes que nous causait déjà la Révolution russe. Mais nous devions, dans cette année 1917, compter avant tout sur nous-mêmes et si, par malheur, l'offensive que tout le monde attendait n'était pas un succès décisif, le ministère serait condamné, comme son prédécesseur, à subir le contre-coup des déceptions et de la mauvaise humeur des Chambres. Encore ne prévoyait-on pas qu'à la suite de la bataille du 16 avril, se révèlerait tout à coup dans l'armée un état d'esprit qui allait nous causer les plus graves inquiétudes. Nous étions à la veille d'une des crises les plus dangereuses que nous ayons eu à traverser. Vous conviendrez qu'il fallait un certain courage et, je puis le dire, une certaine abnégation pour accepter à un tel moment de tenir les rênes du gouvernement.

Je vous dirai prochainement comment je m'y suis résolu et quels ont été mes débuts à la présidence du Conseil.

LETTRE XVIII

SI je formais un ministère, je n'avais pas à craindre un refus de M. Painlevé à condition de lui offrir le portefeuille de la guerre. M. Painlevé avait été mon collègue dans le premier ministère de M. Briand. Il m'avait fait dire plus d'une fois, dans les premiers mois de 1917, qu'il serait heureux d'être un de mes collaborateurs, si je me décidais à prendre la présidence du Conseil. J'hésitai à l'appeler au ministère de la guerre, parce que je savais qu'il avait des préventions contre le général Nivelle et aussi parce qu'il avait l'habitude de laisser trop voir ses impressions et de trop se répandre en paroles, ce qui est un défaut plus grave chez un ministre de la guerre que chez les autres ministres. Il me donna l'assurance que, loin d'affaiblir l'autorité du commandant en chef, il lui donnerait des marques de sa confiance. Je ne doute pas qu'en me faisant cette promesse il n'ait été sincère. Je reviendrai sur ce point quand je vous parlerai de l'offensive du 16 avril.

J'étais décidé à garder la plupart de mes anciens collègues du ministère Briand. Il ne m'échappait pas que le maintien de M. Malvy au ministère de l'intérieur pourrait être une cause de faiblesse pour le Cabinet. M. Malvy avait des ennemis. Sa conduite privée l'exposait à des reproches mérités. Mais il avait su prévenir tout incident au moment de la mobilisation et pendant les années si dures que nous venions de traverser. Il avait de bonnes relations avec les syndicats, et son départ du ministère aurait pu être interprété dans les milieux ouvriers comme l'indice d'un changement de la politique du gouvernement. J'ajoute que, dans le Conseil des ministres, M. Malvy n'avait jamais laissé percer aucun sentiment qui ne s'inspirât d'un sincère désir d'union dans l'intérêt de la patrie. On l'avait plus d'une fois chargé de résoudre des difficultés avec le grand quartier général où le général Joffre appréciait son tact et ses qualités aimables. Son intimité d'autrefois avec M. Caillaux ne l'empêchait pas de juger parfois avec sévérité l'ancien président du Conseil. Ai-je besoin de dire que personne dans le Conseil n'a jamais eu le moindre soupçon que M. Malvy pût se prêter à aucune trahison, ni à aucun abandon volontaire de ses devoirs envers son pays ? Les accusations qu'on

a portées contre lui ont été inspirées trop visiblement par des haines de parti et par les souvenirs
des élections de 1914. J'ai été trop l'adversaire
politique de M. Malvy et de son ancien patro
M. Caillaux pour ne pas m'être fait un point
d'honneur de ne pas le sacrifier à ces rancunes
et de le couvrir, au besoin, de mon témoignage.
Vous penserez peut-être qu'un président du
Conseil n'a de devoirs qu'envers le pays, et que
j'aurais mieux fait de prendre un ministre de
l'intérieur sur qui je pusse me reposer en toute
confiance. Il se peut que j'aie eu tort ; mais je
tiens à ce que vous me jugiez non pas avec ce
qu'a pu vous apprendre le procès devant le
Sénat de 1918, mais en vous plaçant avec moi
dans le milieu où nous étions en mars 1917. Je
n'ai pas vu qu'à ce moment, personne m'ait fait
publiquement un grief d'avoir gardé M. Malvy.
C'est plus tard, vers la fin de mai, que s'est
dessinée la campagne qui devait aboutir à ce que
vous savez. J'aurais pu abandonner, à ce moment,
M. Malvy. Je ne l'ai pas voulu et sans doute, en me
conduisant de la sorte, j'ai donné un exemple qui ne
risque pas d'être suivi par beaucoup d'imitateurs.

Vous pouvez vous faire une idée de mes hésitations à former le ministère, d'autant plus que
je ne trouvais chez les socialistes que de la
défiance et de la mauvaise humeur. Fallait-il me

passer d'eux et les rejeter dans l'opposition, avant qu'ils n'eussent eux-mêmes dénoncé l'Union sacrée ? Ce qui a été possible après la chute du ministère de M. Painlevé, l'était-il en mars 1917 ? Voilà pour les historiens un beau sujet de discussion. Je me borne à expliquer les raisons de ma conduite telles qu'elles me sont apparues à ce moment. Je demande qu'elles soient appréciées avec équité, c'est-à-dire en tenant compte des circonstances et des difficultés avec lesquelles j'ai été aux prises. Après mes premières consultations, j'étais à peu près décidé à refuser le ministère. J'ai voulu avoir les conseils de M. de Freycinet. J'ai été le voir, et il m'a si fortement remontré que j'avais le devoir, coûte que coûte, de répondre à l'appel du président de la République, que je me suis résolu à marcher sans trop avoir l'œil aux dangers qui me menaçaient. J'avais fait de même en 1892 quand M. Carnot m'a demandé de me sacrifier à la tâche plus qu'ingrate de mettre fin à l'odieuse affaire du Panama. J'ai toujours été malhabile à soigner les intérêts de mon ambition. Il y a dans les périls mêmes qu'on m'a demandé d'affronter quelque chose qui m'a plutôt attiré. Je n'en tire pas vanité. Bien au contraire, je suis tenté aujourd'hui de m'en faire à moi-même un reproche.

Mon parti une fois pris je menai l'affaire rapidement. M. Léon Bourgeois accepta d'entrer
dans le Cabinet. Il devait prendre le portefeuille
des affaires étrangères. Au dernier moment il
se récusa à cause de sa santé et demanda à être
ministre du travail. Je quittai les finances pour
aller au quai d'Orsay et je demandai à M. Joseph
Thierry de m'y remplacer. M. Maginot prit le
portefeuille des colonies et, à sa demande,
j'appelai M. Viollette au ministère du ravitaillement. Bien que M. Maginot fût un défenseur
convaincu des idées du commandant en chef,
M. Painlevé, qui devenait ministre de la guerre,
ne fit aucune objection à son entrée dans le
Cabinet. M. l'amiral Lacaze garda sur mes instances le portefeuille de la marine. M. Clémentel
resta au ministère du commerce, où il a montré
de l'activité et de l'initiative. Il céda le portefeuille de l'agriculture à M. Fernand David. L'instruction publique fut détachée du ministère de la
justice et attribuée à M. Steeg. Enfin M. Desplas
fut appelé au ministère des travaux publics.

Le ministère reçut un accueil favorable. Je
rédigeai une déclaration ministérielle que mes
collègues approuvèrent tout d'une voix. Le
lendemain je la lus en Conseil des ministres
devant le président de la République. M. Poincaré me demanda si, en affirmant notre volonté

de poursuivre vigoureusement la guerre « non
dans un esprit de conquête, mais avec la ferme
résolution de reprendre les provinces qui nous
ont été arrachées par la violence » je ne risquais
pas de mécontenter ceux qui réclamaient ouvertement l'annexion de la rive gauche du Rhin.
Il ne fallait pas laisser de doute sur nos intentions
au moment où les États-Unis allaient se placer
à nos côtés dans la guerre. La phrase fut maintenue avec un léger changement qui n'en affai-
blissait pas le sens. La Chambre des députés
nous donna un vote de confiance à une très forte
majorité. Je ne fus pas surpris des réserves que
firent le lendemain des organes importants de la
presse au sujet de la Société des nations dont j'avais
accepté le principe. En revanche le passage relatif
au haut commandement fut pleinement approuvé.

Quelques jours après, le président Wilson
demanda à la Chambre des représentants et au
Sénat de l'autoriser à déclarer la guerre à l'Allemagne. Cette entrée en guerre des États-Unis
dépassait les proportions d'un événement politique. Les conséquences d'un tel fait devaient
se faire sentir bien au delà de la guerre actuelle.
Mû par un puissant ressort d'idéalisme caché
sous les dehors d'une activité appliquée surtout
aux entreprises industrielles, au commerce, à

l'agriculture, le peuple américain déclarait, par l'organe du président Wilson, qu'il ne faisait pas la guerre pour s'assurer aucun avantage, mais seulement pour instaurer dans le monde le règne de la justice et du droit des peuples.

Si l'Allemagne avait été capable de faire un retour sur elle-même, quel regret n'aurait-elle pas éprouvé d'avoir, en dépit des avertissements, poussé à outrance la guerre sous-marine et déchaîné cette tempête d'indignation qui devait finalement l'engloutir ! Mais l'Allemagne se figurait que l'Amérique n'arriverait pas à temps pour empêcher notre défaite. Elle se persuadait que les États-Unis ne seraient pas capables de lever, d'instruire une armée de plusieurs millions d'hommes et que, le fussent-ils, les moyens leur manqueraient de transporter cette armée au delà de l'Océan.

Si les États-Unis n'avaient pas eu d'autre souci que de payer la dette contractée envers la France, à l'époque de leur lutte pour l'indépendance, s'ils n'avaient été poussés que par cette sympathie, cette amitié de peuple à peuple qui, pendant plus d'un siècle, n'a fait que grandir entre Français et Américains, peut-être leur effort se serait-il borné à nous fournir quelques centaines de mille hommes, du matériel de guerre, des vivres et des matières premières. Mais il y avait au fond

de l'enthousiasme qui entraînait le peuple américain quelque chose de plus. Le Nouveau-
monde, fier de sa force, de sa jeunesse exubé-
rante, venait apporter à l'Ancien-monde l'évan-
gile de la démocratie, les préceptes d'un nouveau
droit international d'où la violence serait exclue
et qui aurait pour organe et pour garant la
Société des nations. L'enthousiasme quasi-reli-
gieux qui avait soulevé la France et l'Europe au
temps de la Révolution française allait mettre
sur pied les États-Unis : et nul sacrifice ne coû-
terait désormais à ce grand peuple pour mener
cette guerre qui ne serait pas une guerre ordinaire,
mais une sorte de croisade moderne pour le
droit et la justice. C'était la démocratie du
Nouveau-monde qui tendait la main à toutes les
démocraties de l'Ancien-monde pour les délivrer
des vieilles chaînes du despotisme et du militarisme oppresseur.

Aujourd'hui que la fièvre est calmée, que les
États-Unis hésitent à ratifier le traité de paix et
qu'ils semblent reprocher à leur président de
les avoir engagés, sans s'être assuré de l'adhésion
du Sénat, dans les liens du contrat de la Société
des nations qui peut les obliger à intervenir plus
qu'ils ne voudraient dans les conflits européens,
nous sommes tenté de ne pas estimer à leur
prix les sacrifices désintéressés qu'a fait l'Amé-

rique pour nous sauver de la défaite. Mais on
en reviendra de part et d'autre à se rendre une
pleine justice et l'amitié qui nous unit à nos frères
américains n'en sera que fortifiée pour toujours.

J'ai senti tout ce qu'il y avait de grandeur dans
l'acte des États-Unis, et aussi dans la sérénité et
la simplicité avec lesquelles cet acte a été annoncé
par le président Wilson, dans sa communication
à la Chambre des représentants et au Sénat. Les
Chambres françaises allaient se séparer pour quelques semaines. Je n'attendis pas que la Chambre
ces représentants, après le Sénat américain, eût
approuvé la déclaration de guerre. Je montai à
la tribune de la Chambre des députés et ensuite
à celle du Sénat pour lire, au nom du gouvernement, une déclaration à laquelle s'associèrent
les présidents des deux assemblées. L'ambassadeur des États-Unis fut, dans l'une et l'autre
Chambre, l'objet d'ovations extraordinaires. La
lecture de ma déclaration, interrompue presque
à chaque phrase par des applaudissements unanimes, eut un effet qui dépassa tout ce que je
pouvais attendre. La Chambre des députés
décida que cette déclaration serait affichée et
lue dans toutes les écoles. Je n'ai pu relire sans
émotion, ces jours derniers, ce qu'en disait le
lendemain la presse du monde entier. M. Clemenceau fit trêve à ses critiques. Il voulut bien

dire que la déclaration était un morceau de maître qui faisait honneur au président du Conseil et à la France elle-même. Il me loua d'avoir parlé avec une simplicité qui laissait une impression de belle grandeur, et d'avoir annoncé « un ordre nouveau » en parlant au nom des souvenirs de la Révolution française qui n'avait eu ni le temps ni les moyens de l'instaurer. Le *Journal des Débats* écrivait de son côté : « La journée d'hier restera une des plus émouvantes manifestations de notre vie politique. Elle a renoué la chaîne des temps... En un langage magnifique le président du Conseil a rendu hommage à l'initiative de M. Wilson. En prononçant ce discours mémorable, M. Ribot dut éprouver la plus grande joie de sa vie politique. Ayant consacré son existence à la défense des libertés publiques et du progrès général, ce dut être pour lui une consolation sans mélange et une légitime fierté, vers la fin d'une longue carrière bien remplie, que d'être appelé, comme chef du gouvernement, à glorifier le geste libérateur du chef d'une république amie et à sceller la nouvelle alliance de la France avec les États-Unis. » Si je réveille ces souvenirs, vous ne penserez pas que c'est par un sentiment de vanité personnelle. J'ai voulu seulement vous rappeler, — si vous l'aviez un peu oublié, — ce qu'il y a eu, en effet, de grandeur, d'enthousiasme sincère dans cette journée du 5 avril 1917.

Toutes nos anxiétés n'étaient pas dissipées ; elles devaient renaître dès le lendemain. Qu'adviendrait-il de la grande offensive qui avait été fixée aux premiers jours d'avril ? Que sortirait-il de la révolution qui venait de renverser le trône impérial de Russie et lancer ce pays, sans classes dirigeantes, sans institutions parlementaires solidement établies, n'ayant qu'une administration minée par la corruption, dans une aventure qui finirait par une tragédie ? Je vous parlerai dans mes prochaines lettres de l'offensive du 16 avril, et ensuite de la Révolution russe et de ses premières conséquences.

LETTRE XIX

JE voudrais ajouter un post-scriptum à ma dernière lettre. On a beaucoup reproché à notre diplomatie de n'avoir pas travaillé assez activement à pousser les États-Unis à la guerre. Jamais reproche n'a été moins fondé.

Nous avons été représentés per.dant la guerre
à Washington par M. Jusserand. Aucun ambassadeur ne s'est fait une place plus grande dans
l'estime et, je puis dire, l'amitié des Américains.
Son tact, son jugement, sa connaissance parfaite
des idées et des habitudes d'esprit américaines
ont été appréciées par les hommes du parti
démocrate aussi bien que par ceux du parti
républicain. Son intimité avec le président Roose-
velt ne lui a pas fait, dans l'esprit des *leaders*
démocrates, après l'avènement de M. Wilson,
le tort qu'on a cru dans certains milieux en
France, sur la foi de rapports plus ou moins
intéressés. M. Jusserand a parcouru avant la
guerre les États-Unis, faisant des discours en
anglais qu'il parle comme le français. Il s'est
acquis une popularité qu'il ne doit qu'à lui-
même. S'il n'a pas fait pendant la guerre une
campagne de propagande, c'est qu'il était convaincu qu'en se tenant dans une réserve pleine
de dignité, qui contrastait avec les procédés et
l'activité désordonnée de nos ennemis, il servait
mieux les intérêts de la France. Le comte Bern-
storff, ambassadeur d'Allemagne, a finalement
tourné l'opinion contre son pays, en se livrant à
des manœuvres, parfois criminelles, en accumu-
lant les mensonges, en essayant de duper ou
d'intimider l'opinion et le gouvernement. L'effort

de propagande que nous avons fait, en dehors
de notre ambassade, n'a pas toujours été aussi
heureux qu'on eût pu le souhaiter. Si des hommes
comme M. Bergson ont grandement servi la
cause française aux États-Unis, d'autres missions
ont risqué de nous faire plus de tort que de
bien.

Ce qu'on pouvait reprocher surtout à notre
action aux États-Unis, c'était de manquer d'unité.
Chaque ministère avait l'ambition d'entretenir
une mission à New-York ou à Washington.
Le ministère de la guerre avait envoyé pour ses
achats une légion d'officiers qui ne se connais-
saient pas, n'avaient pas de chef, opéraient chacun
de son côté. Ce fut un progrès de les mettre
d'abord sous l'autorité de notre attaché militaire.
Mais cela n'était pas suffisant. Dès mon arrivée
au ministère, je proposai au Conseil de donner
à M. André Tardieu la haute main sur toutes
les missions. Sous le titre de haut-commissaire,
M. André Tardieu a été aux États-Unis le représentant du gouvernement français pour tout ce
qui n'était pas l'œuvre propre de la diplomatie.
Questions de ravitaillement, de munitions, de
matériel, de matières premières, de transports
par chemins de fer et par mer ; questions de crédits à ouvrir au gouvernement français, tout cela
a été du ressort de M. André Tardieu. Il a eu à

diriger un véritable ministère, non dans les vieilles routines, mais à l'aide des procédés rapides que la nécessité de l'action impose et que pouvait seul appliquer avec succès un homme qui ne fût pas trop imbu des traditions administratives. M. André Tardieu a été l'homme de cette tâche si importante.

En même temps que nous avons envoyé M. André Tardieu aux États-Unis, nous avons prié M. Viviani et le maréchal Joffre d'accepter la mission d'aller porter à l'Amérique l'hommage de notre reconnaissance et d'étudier les moyens de hâter son entrée effective dans la guerre. Je n'ai pas à vous dire comment ils se sont acquittés de cette mission, et quel accueil triomphal leur a été fait à New-York, à Washington, à Chicago, dans toutes les villes où ils ont été reçus. Je m'en voudrais de ne pas leur renouveler ici le témoignage de ma reconnaissance.

LETTRE XX

L'OFFENSIVE du 16 avril a eu des conséquences si graves et donne lieu encore à
tant de discussions que je ne puis pas ne
pas vous en parler un peu longuement.

C'est à Chantilly, dans une conférence où tous
les généraux en chef des armées alliées étaient
présents ou représentés, qu'on a décidé, les
15 et 16 novembre 1916, de ne pas laisser à
l'Allemagne l'initiative d'une nouvelle offensive
en 1917. Nous devions cette fois prendre les
devants et agir simultanément sur tous les fronts
avec toutes nos forces, pour amener une décision.
On était naturellement porté à penser que la
troisième année de guerre ne s'achèverait pas
sans qu'on vît approcher le moment où les pays
engagés dans la lutte sentiraient le besoin d'y
mettre un terme. Notre effort aurait atteint au
printemps de 1917 son maximum d'intensité.
Il ne pouvait ensuite que s'affaiblir, par la dimi-

nution des effectifs et par un ralentissement dans la production du matériel de guerre, que la pénurie des transports et la difficulté croissante des paiements à l'étranger menaçaient de paralyser. Les États-Unis, ne l'oubliez pas, ne faisaient pas mine encore de vouloir entrer dans la guerre, et le langage du président Wilson permettait de craindre parfois qu'il n'eût l'intention d'intervenir en médiateur, avant que la victoire ne se fût prononcée en faveur des Alliés.

Après le remplacement du général Joffre (12 décembre) et l'arrivée au ministère de la guerre du général Lyautey, on avait gardé la même conception de la politique à suivre en 1917. « Le gouvernement français pose comme axiome de l'action commune des Alliés que toutes les questions russes, roumaines, balkaniques, y compris celle de Salonique, ne seront résolues que par un effort très puissant et aussi rapide que possible sur notre front, les armées françaises étant seules en état d'obtenir un succès décisif. Le rôle de la coalition sur tous les autres fronts est d'aider cette action. » Ainsi s'exprime le compte-rendu de la conférence tenue au ministère de la guerre le 12 janvier 1917, avant le départ pour Pétrograd de M. Doumergue et du général de Castelnau. Les armées françaises devaient être prêtes le 15 février, à condition que l'armée britannique étendît avant le 1er février son front jusqu'à la route d'Amiens à Roye pour relever une partie des troupes françaises.

Le général Nivelle, en arrivant au commandement en chef, avait modifié le plan d'attaque de son prédécesseur. Dans ses instructions du 27 novembre 1916, le général Joffre expliquait qu'il s'agissait de briser le front ennemi par une offensive entre la Somme et l'Oise, pendant que l'armée britannique attaquerait entre Bapaume et Vimy. Une attaque secondaire était prévue au nord de l'Aisne, à travers le massif du Laonnois ; mais, faute de matériel, cette attaque ne serait montée qu'après la réussite de l'offensive principale, c'est-à-dire 15 ou 20 jours plus tard. Le plan du général Nivelle, tel qu'il l'a indiqué au général Micheler (30 décembre 1916), était d'attaquer sur un front très étendu pour amener l'ennemi à diviser ses forces. L'attaque au nord de l'Aisne devenait l'attaque principale. Celle de Roye-Lassigny ne serait qu'une attaque secondaire, et devrait être déclanchée la première. Du côté anglais, il y aurait deux attaques : l'une principale dans la région d'Arras, l'autre, moins importante, sur l'Ancre. Ainsi l'objectif était d'obtenir la rupture sur le front de l'Aisne, entre Reims et le canal de l'Aisne à l'Oise ; les autres attaques avaient surtout pour but d'attirer les réserves ennemies loin du théâtre principal. Une armée de manœuvre devait, après la rupture, écraser les réserves que l'ennemi jetterait en avant pour essayer de fermer la brêche. Cela fait, on se porterait rapidement au Nord, tandis que les corps chargés de l'attaque secondaire sur Roye et Lassigny s'efforceraient de gagner Saint-Quentin et que l'armée anglaise marcherait vers Cambrai.

Que ce plan audacieux ait paru au comité de guerre avoir des chances sérieuses de succès, vous ne sauriez en être surpris. On était pressé d'obtenir un résultat décisif. Il ne pouvait être question d'engager une nouvelle bataille de la Somme où le recul de l'ennemi n'avait été acheté qu'au prix d'une longue série d'assauts à objectifs limités. Broussiloff n'avait-il pas réussi, par une poussée brutale, à percer le front austro-hongrois, et ne pouvait-on pas espérer un semblable succès ?... La question était de savoir si la rupture du front pourrait se faire, comme le pensait le commandant en chef, en 24 ou 48 heures. Avions-nous un matériel d'artillerie suffisant pour détruire, sur une profondeur de 7 à 8 kilomètres, les défenses de l'ennemi ? Ne serait-on pas arrêté aux premières ou aux secondes lignes allemandes ?... et alors que deviendrait le plan du commandant en chef ?

La commission d'enquête chargée par M. Painlevé de donner son avis sur la façon dont l'offensive du 16 avril a été conçue, préparée et conduite, a laissé voir quel était son sentiment à cet égard en disant dans son rapport :

« La part de hasard est si grande à la guerre qu'il paraît impossible d'affirmer que le plan du général Nivelle n'était pas réalisable. Il faut reconnaître toutefois que le commandant en chef avait fait choix d'un terrain extrêmement difficile et qu'il attaquait à fond, sur un front de 80 kilomètres, un ennemi averti, formidablement retranché et disposant de nombreuses réserves. » Je me garderai de rien ajouter à ce jugement qui porte les signatures du général Brugère, du général Foch et du général Gouraud. Aussi bien ne peut-il être question de contester les talents militaires du général Nivelle. La commission d'enquête n'a fait que lui rendre justice en rappelant la ténacité dont il avait fait preuve dans la défense de Verdun, et l'esprit de décision qu'il avait montré en arrachant à l'ennemi, par une offensive hardie, la majeure partie des positions qui nous avaient été enlevées au début de 1916.

C'est le souvenir tout récent de ces brillants faits d'armes du général Nivelle qui l'avait fait désigner pour succéder au général Joffre dans

le commandement en chef de l'armée. Il avait,
d'ailleurs, les préférences du général Joffre et
aussi celles du président de la République.
M. Albert Thomas et l'amiral Lacaze, — qui
remplissait à ce moment par intérim les fonctions
de ministre de la guerre, en attendant l'arrivée
du général Lyautey, — dirent au Conseil qu'on
ne pouvait faire un meilleur choix. Son nom fut
accepté tout d'une voix. Je puis vous conter
à ce sujet une anecdote que je tiens de M. Barthou. Le président du Conseil était alors
M. Briand. Il appela, séance tenante, au
téléphone le général Nivelle pour lui demander
s'il accepterait les fonctions de général en chef.
Le général répondit *oui* sans hésiter et le décret
fut aussitôt signé. Ayant eu l'occasion d'en
entretenir M. Louis Barthou, M. Briand lui
expliqua qu'il avait vu à l'œuvre le général
Nivelle et qu'il avait apprécié, en causant avec
lui, ses rares qualités d'homme d'action. M. Barthou en parla à son tour au général. Celui-ci ne
cacha pas sa surprise. Il n'avait jamais vu
M. Briand, et son premier mouvement, quand il
fut appelé au téléphone, avait été de dire : « Je
vais donc entendre la sirène ! »

Il n'apparaît pas qu'à la date du 12 janvier 1917
l'accord fût complet entre les commandants en
chef des armées alliées. Le maréchal Haig

regrettait qu'on l'eût obligé à étendre son front
jusqu'à la route d'Amiens à Roye et à déplacer
ainsi le centre de gravité de son armée. Le général
Robertson, chef de l'état-major britannique,
n'était pas convaincu que l'offensive projetée
ne fût pas une imprudence. Il aurait voulu qu'on
laissât l'Allemagne s'user dans son offensive
contre la Russie. Notre attaque eût été renvoyée
à la fin de l'été. M. Lloyd George ne nous a pas
caché, au mois d'août 1917, qu'il eût préféré lui
aussi qu'on ne brusquât pas une attaque sur le
front français. L'idée qu'il avait proposée à Rome
en janvier 1917 était de renforcer l'armée italienne en lui envoyant de l'artillerie. Il regrettait
qu'on ne l'eût pas suivi.

Au milieu de février le général Nivelle se rendit
à Londres. Il produisit sur le *War Cabinet* une
impression très favorable. Il semble qu'à ce
moment le gouvernement britannique ait donné
son entière adhésion à l'offensive telle qu'elle
était projetée. Il y eut les 26 et 27 février une
conférence à Calais, où il fut décidé que le
maréchal Haig devrait, pour l'exécution du plan,
se conformer aux instructions du général Nivelle.
Il y avait toutefois une réserve. Si le maréchal
Haig estimait que la sécurité de son armée
pouvait être en péril par suite des instructions
qu'il recevrait du quartier général français, il

était autorisé à en référer à son gouvernement. Que dites-vous d'une pareille réserve ? Le maréchal Haig n'a jamais considéré qu'il fût sous les ordres du général Nivelle. De fait, aussitôt après la réunion de Calais, un échange de lettres entre les deux généraux en chef (27 février-4 mars 1917) fit apparaître de graves divergences de vues. Le maréchal Haig inclinait à penser que les Allemands méditaient de leur côté une offensive qui serait conduite sur la plus large échelle, avec la rapidité, la violence et la détermination la plus grande. Sur quels points ? Il n'en savait rien, mais il avait toujours des inquiétudes du côté d'Ypres. Il craignait que le commandement allemand ne visât à le couper de ses communications avec l'Angleterre. D'autre part, il était convaincu que le mouvement de retraite que, dès ce moment, les Allemands dessinaient entre Arras et Saint-Quentin irait en s'accentuant, et que les Allemands reculeraient jusqu'à la ligne Hindenburg. Ce recul, s'il se produisait, ne rendrait-il pas impossible l'offensive projetée ? Ne faudrait-il pas, en tous cas, faire de nouvelles préparations ? Il y avait donc entre les généraux en chef un sérieux dissentiment, et le désaccord ne pouvait que s'aggraver si, au lieu de se voir et de chercher à se rapprocher, les généraux continuaient à correspondre par écrit.

M. Briand ne pouvant quitter P   s, me pria
d'aller à Londres, où m'appelaient d'ailleurs des
questions financières, avec le ministre de la
guerre et le général Nivelle. Il y eut une explication des plus courtoises entre les deux commandants en chef, en présence des membres
du *War Cabinet*, du ministre de la guerre britannique, du général Lyautey et de moi-même.
On convint d'écrire moins et de se voir plus
souvent. Le général Wilson, que le général
Nivelle désirait voir mettre à la tête de la mission
permanente britannique au quartier général
français, fut, d'un commun accord, désigné pour
remplir ces fonctions. On sait avec quel tact et
quelle sympathie pour la France le général
Wilson s'en est acquitté. On lui doit d'avoir
prévenu bien des difficultés et adouci bien des
frottements. Cela nous dispensa de toucher au
procès-verbal de la conférence de Calais et de
pousser à fond la discussion sur le point de savoir
dans quels cas un général, responsable de la
sécurité de son armée, peut être dispensé d'obéir
aux ordres qu'il reçoit, sauf à en référer à son
gouvernement. C'est une de ces questions qu'on
ne peut résoudre en théorie pure ni dans les
termes d'un protocole. Si vous obligez ce général
à l'obéissance passive, vous risquez de tout
perdre pour l'amour des principes. Si vous l'en-

couragez à en référer au gouvernement toutes les fois qu'il ne partage pas les vues du commandant en chef qui a la direction stratégique d'une opération concertée, vous installez l'anarchie dans le commandement. Le bon sens dit que l'obéissance doit être la règle. Si, dans un cas extrême, un général manque à la règle, il ne le fait qu'en se disant à lui-même qu'il joue son commandement et peut-être sa tête. Le général Nivelle fit remarquer à ce sujet, avec finesse et à propos, que si Grouchy avait pris sur lui de ne pas obéir à la lettre aux ordres de Napoléon, les Anglais n'auraient pas gagné la bataille de Waterloo.

M. Lloyd George a eu raison de nous dire, en août 1917, lors de notre conférence à Londres, que l'unité d'action sur l'unité de front n'avait été qu'une formule oratoire. Mais à qui la faute ? Si nous n'avions touché en avril 1918 au désastre, le gouvernement britannique aurait-il jamais senti la nécessité de créer, au-dessus des généraux en chef des armées française et britannique, un centre unique de commandement ? C'est à Doullens que lord Milner, dans un moment d'extrême péril, a demandé au général Foch, d'accord avec le maréchal Haig, de prendre la direction suprême. Ni l'état-major britannique, ni le gouvernement de Londres n'étaient prêts

en 1917 à faire ce sacrifice au salut commun.
Le dualisme a survécu à l'offensive du 16 avril.
A preuve ces attaques où le maréchal Haig s'est
acharné dans les Flandres pendant les mois de
juillet, d'août et de septembre 1917, attaques
auxquelles le commandement français s'est associé,
sans avoir dans le succès final plus de confiance
que M. Lloyd George lui-même. N'est-ce pas
M. Lloyd George qui nous exprimait, à cet égard,
en août 1917, ses inquiétudes ? Il ne s'en prenait
pas au manque d'unité dans le commandement,
mais aux généraux qui, à son avis, n'avaient pas
assez d'imagination et s'en tenaient toujours aux
mêmes conceptions. M. Lloyd George aurait
voulu, à ce moment, qu'on revînt à son idée de
pousser une attaque à fond du côté de la frontière
de l'Italie et de l'Autriche-Hongrie. Peut-être
ne mettait-il pas assez haut les difficultés que
nous aurions eu à vaincre de ce côté et les dangers
d'une marche à l'Est qui laisserait à découvert
le flanc du Trentin. Mais je serais entraîné à
des considérations stratégiques qui ne sont pas
de mon ressort, et je m'arrête ici pour revenir,
dans ma prochaine lettre, à l'offensive du mois
d'avril 1917.

LETTRE XXI

L'ARMÉE allemande battait décidément en retraite sur son front d'Arras à Saint-Quentin. Cela ne changeait pas les dispositions du général Nivelle. Il voyait dans ce recul une raison de plus de hâter l'offensive. Pourtant, comme l'a fait remarquer la commission d'enquête, les attaques secondaires vont tomber dans le vide. Qu'importe ?... En réalité, le repli des Allemands favorise nos projets : car tandis qu'ils ne feront que l'économie de cinq divisions, il va nous devenir possible de retirer du groupe de l'armée du Nord seize divisions et une importante artillerie lourde, de monter une attaque sur Moronvilliers et de conserver une armée de réserve... Nous savons par un télégramme du général Alexeieff que la Russie ne sera pas en état d'attaquer à la date fixée ; que l'Italie, redoutant une offensive du côté du Trentin, ajourne toute opération sur le Carso. Mais la guerre sous-marine bat son plein et l'entrée en guerre des États-Unis reste incertaine. Il faut se hâter et la grande offensive, d'abord fixée au 15 février, ne peut pas être reculée au delà du 8 avril (décision du 16 mars). Toutes les dispositions sont prises. L'armée de manœuvre est réunie à pied d'œuvre. A défaut du général Pétain à qui il a d'abord songé mais qui ne s'est pas montré favorable à l'opération, le général Nivelle a, de son autorité, mis à la tête de cette armée de rupture le général Micheler, qui aura sous ses ordres le général Mazel (5e armée), le général Mangin (6e armée), le général Duchêne (10e armée). Le général Pétain n'aura à intervenir, à l'Est, qu'après l'attaque principale, pour s'emparer du massif de Moronvilliers. Telle se présente l'affaire, quand le 21 mars nous arrivons au ministère.

M. Painlevé, ministre de la guerre, ne partageait pas l'optimisme que le général Nivelle avait réussi à inspirer à des membres des Chambres en les mettant au courant de ses projets. Trop de personnes savaient ce qu'on projetait de faire, et, loin de s'inquiéter de l'envergure des opérations, la plupart d'entre elles estimaient que la hardiesse même du plan d'attaque était une garantie de son succès. On voulait sortir à tout prix des anciennes routines et faire du nouveau. Vous vous rendez compte de l'état d'esprit du ministre de la guerre. Il se demandait avec angoisse s'il n'était pas de son devoir d'arrêter l'offensive. Ses raisons étaient qu'on n'avait plus tant à se presser, puisque décidément les États-Unis entraient dans la guerre, et qu'il fallait ménager nos forces jusqu'à ce que l'arrivée des Américains fît pencher la balance de notre côté. Qui peut lui reprocher d'avoir hésité sur le parti à prendre ? — Il eut le tort d'hésiter trop longtemps. Au lieu d'aborder franchement la question avec le général Nivelle et ses principaux collaborateurs, pour s'assurer qu'ils étaient d'accord sur la nécessité de ne pas reculer la date de l'offensive, il fit une sorte d'enquête auprès des généraux dont l'opinion pouvait n'être pas favorable au plan d'action du commandant en chef. Le rapport de la commission d'enquête parle d'une réunion qui a eu lieu au ministère de la guerre, et où le général Pétain et le général Franchet d'Esperey ont été appelés à faire connaître leur opinion, en présence du président du Conseil, du ministre de la guerre, du ministre de la marine et du ministre de l'armement. La vérité est que j'ai accepté de M. Painlevé l'invitation de dîner au ministère de la guerre avec le général Pétain que je ne connaissais guère à cette époque. Je fus surpris d'y rencontrer le général Franchet d'Esperey et de voir arriver, après le dîner, l'amiral Lacaze et M. Albert

Thomas. Cela prenait l'apparence d'un comité de guerre. Le général Franchet d'Esperey et le général Pétain se montrèrent très réservés. Ils n'étaient pas favorables à l'offensive ; mais, en l'absence de leur chef, ils étaient embarrassés de faire entendre les critiques qu'ils ont présentées, quelques jours plus tard, à la réunion de Compiègne. Je fis des observations à M. Painlevé. Il insista pour que j'acceptasse de dîner, le lendemain, avec le commandant en chef, l'amiral Lacaze, M. Albert Thomas et M. Maginot. L'entretien qui suivit le dîner fut cordial. M. Painlevé appela le général Nivelle à s'expliquer sur son plan d'attaque. Il finit par assurer au commandant en chef que le gouvernement lui gardait sa confiance. Mais le général Pétain, toujours correct, crut devoir mettre le général Nivelle au courant de la réunion de la veille. Vous devinez l'irritation qu'en ressentit le commandant en chef. Il ne pouvait accepter que ses collaborateurs fussent interrogés en dehors de lui. Le premier mot qu'il dit à la réunion de Compiègne, c'est que, lui présent, toute liberté pouvait leur être donnée d'expliquer leurs idées.

On s'est demandé pourquoi cette sorte de conseil de guerre avait eu lieu et pourquoi il n'avait été tenu aucun procès-verbal de ce qui s'y était passé. Pour dire la vérité, nous n'avons jamais pensé qu'il pût s'agir d'un conseil de guerre où seraient prises de graves décisions. Le président de la République, à qui j'avais fait confidence de mes ennuis, me suggéra que le meilleur moyen de remettre les choses d'aplomb était de prier le général Nivelle de convoquer en notre présence les commandants des groupes d'armée, afin d'entendre leurs observations et d'effacer entre eux et le commandant en chef tout froissement et tout malentendu. Il ne pouvait être question de renoncer à une offensive concertée avec nos alliés et déjà presque commencée. Si nous n'attaquions pas, il est probable que nous serions attaqués nous-mêmes. Quel eût été l'effet moral sur les troupes qui avaient été rassemblées ? — M. H. Bérenger a expliqué, dans un rapport fait au nom de la commission de l'armée du Sénat, que plus de 1.400.000 hommes étaient massés en profondeur. Devait-on disloquer cette armée ? ou fallait-il attendre une attaque des Allemands ?... Je dois dire que je ne me suis pas même posé la question.

Le compte rendu que le général de Castelnau a donné à la commission d'enquête du langage tenu par M. Poincaré dans la réunion de Compiègne n'est pas de tous points exact. Le président a seulement constaté que, si des avis opposés s'étaient fait jour sur les résultats qu'on pouvait attendre de l'offensive, tous les généraux avaient été d'accord pour affirmer qu'on ne pouvait pas l'ajourner. Le général Micheler avait été très énergique en ce sens. Le président n'a pas eu à se prononcer, au nom du gouvernement, dans le sens d'une offensive qui serait suivie d'un engagement prudent des réserves, et dirigée de telle sorte qu'elle pourrait être arrêtée, si le front ennemi n'était pas largement rompu dans le premier effort. En réalité, c'est le général Nivelle lui-même qui a posé nettement la question en ces termes, comme il l'avait toujours fait depuis le 1er mars. « Je ne sais pas, a-t-il dit, ce que c'est qu'une demi-bataille. Je compte attaquer avec toute la vigueur possible. Mais si, contre mon attente, le front ennemi n'est pas rompu en profondeur dans les 48 heures, je suis très décidé à ne pas poursuivre l'opération. » Le langage du commandant en chef a été, à cet égard, de la plus grande netteté. Si le général Nivelle a eu un instant la pensée de résigner son commandement, il n'a pas persisté. Je lui ai donné l'assurance que le gouvernement avait toute confiance en lui. Il a tenu à nous faire les honneurs de son quartier général, au château de Compiègne, et nous avons tous eu l'impression que s'il avait cédé à un mouvement d'humeur, il n'avait pas l'intention de se retirer au moment où pesaient sur lui de si lourdes responsabilités.

Faut-il dire un mot d'une lettre que M. Messimy, alors colonel, m'a apportée le 4 avril au matin ? Vous connaissez M. Messimy et vous savez quelle fougue il met dans tout ce qu'il fait et dans tout ce qu'il dit. Il avait déjeuné, m'a-t-il dit, avec le général Micheler. L'avis du général était que l'offensive avait perdu ses chances de succès depuis le repli de l'armée allemande sur les positions Hindenburg. Il l'avait écrit dès le 22 mars au général Nivelle. Mais il s'est défendu auprès de moi d'avoir inspiré la démarche du colonel Messimy. Ce que je puis dire, c'est que la lettre du colonel Messimy n'a été pour rien dans la décision de réunir à Compiègne, en notre présence, le commandant en chef et ses principaux collaborateurs.

Le mauvais temps fit reculer l'offensive jusqu'au 16 avril. Elle eut lieu dans les conditions les plus défavorables. Le réglage par avions du tir de l'artillerie fut impossible. Quand les troupes, dans un élan plein d'enthousiasme, arrivèrent aux premières positions de l'ennemi, elles se heurtèrent à des défenses qui n'avaient pas été détruites. Sur beaucoup de points, elles furent obligées de battre en retraite, après avoir subi des pertes cruelles. On n'enleva pas partout les premières lignes, et nulle part on ne put aller au delà des secondes lignes. Le rapport de la commission d'enquête a fait ressortir ce qu'il y avait de dangereux dans les horaires qu'on avait fixés d'avance pour la marche en avant des colonnes d'attaque. Une bataille à horaires réglés peut réussir sur des espaces limités ; mais se comprend-elle quand la lutte est engagée sur 80 kilomètres et à une telle profondeur ? Le rapport de la commission montre que l'ennemi connaissait nos projets et que nous ne pouvions avoir, en aucun cas, le bénéfice de la surprise.

Je n'ai pas, vous le comprenez, à faire ici le récit de cette bataille où nous avions engagé tant d'espérances. Elle fut pour tous, sauf pour ceux qui savaient quelles difficultés nous devions rencontrer, une déception. La 6ᵉ armée, commandée par le général Mangin, ne put dépasser la première position et la 5ᵉ, sous les ordres du général Mazel, ne put qu'entamer la deuxième. Le 17 avril, la 4ᵉ armée put enlever les premières lignes de défense de l'ennemi et prendre pied dans le massif de Moronvilliers. « C'était un succès, dit le rapport de la commission, mais ce n'était pas la rupture du front allemand. » D'accord avec ses propres déclarations et non pas, comme le dit à tort le rapport, conformément aux directions données le 6 avril à Compiègne par le gouvernement, le général Nivelle « se rendant compte de la difficulté du terrain au sud de Laon, ne s'obstina pas dans cette direction et modifia le 17 au matin son dispositif. Il abandonne toute idée de percée rapide et brutale sur Laon et ne vise plus dans cette direction que la conquête de la crête du Chemin des Dames » qu'il n'a pu atteindre dans la journée du 16. « Tout son dispositif va s'orienter vers le dégagement de Reims en progressant à travers le massif de Moronvilliers et er essayant d'enlever d'abord les hauteurs de Brimont, de Spin et de Sapigneul. »

Nous allons voir quel fut sur l'opinion publique et sur l'esprit de l'armée elle-même le contre-coup de la journée du 16 avril.

LETTRE XXII

CE n'était certes pas un échec pour nos armes. Les Allemands en avaient conscience : ils se gardèrent de crier victoire. L'initiative avait passé dans nos mains. Il s'agissait de ne pas la laisser échapper. L'ennemi avait

été forcé de jeter ses réserves dans la bataille.
S'il disposait au 1er avril de 50 divisions de
réserve, il se trouverait dépourvu quelques mois
plus tard, en août 1917, et obligé de recourir à
des expédients pour maintenir ses effectifs sur
le front. Notre situation militaire était plus
forte au lendemain qu'à la veille de l'offensive.

Malheureusement nos pertes avaient été
grandes ; elles furent augmentées par la mauvaise
organisation du service de santé à l'arrière du
champ de bataille, et surtout elles furent grossies
par suite d'une erreur regrettable commise dans
les premières évaluations du grand quartier.
En réalité, les pertes, d'après les états défini-
tifs, n'étaient que trop élevées : 15.589 tués,
60.036 blessés, 20.500 disparus du 16 au 28 avril.
Peu s'en fallut que, dans l'imagination populaire,
le succès de nos armes ne se tournât en une sorte
de défaite. Le général Mangin fut le point de
mire des attaques les plus vives. On lui reprochait d'avoir fait bon marché de la vie de ses
soldats, quoique les pertes de son armée fussent
inférieures à celles de l'armée voisine de la sienne.
Il se forme en un instant de ces courants d'opinion. Le devoir du ministre de la guerre est de
réserver son jugement jusqu'à ce que la lumière
soit faite aussi complète que possible. Cela est,
je le reconnais, difficile. M. Painlevé a-t-il mis

assez de soin à cacher ses premières impressions ? Ne s'est-il pas un peu trop pressé de porter un jugement sur les fautes qui avaient pu être commises ? Le mouvement d'opinion, un peu factice, qui s'était déchaîné contre le général Mangin paraissait si fort, que le commandant en chef prit l'initiative de demander qu'on le nommât gouverneur de l'Afrique Occidentale pour l'éloigner momentanément de l'armée. Cette proposition fut écartée. Quelques jours plus tard, pressé peut-être par le ministre de la guerre, le général Nivelle déclara, en ma présence, que le général Mangin ne pouvait sans danger être maintenu dans son commandement. « Napoléon, nous dit-il, estimait qu'un général a besoin de la confiance de ses chefs et de celle de ses soldats. Je n'ai pas retiré ma confiance au général Mangin ; mais j'ai le regret de constater qu'il a perdu celle de ses troupes. » Le ministre de la guerre n'attendit pas que le commandant en chef lui eût envoyé un rapport officiel. Il fit signer un décret qui mettait le général Mangin en disponibilité. Plus tard il a reconnu qu'il s'était trop hâté. Il a lui-même offert au général Mangin le commandement d'un corps d'armée, que le général a refusé à ce moment et qu'il a accepté ensuite des mains de M. Clemenceau.

L'autorité du commandant en chef ne pouvait

pas ne pas être ébranlée par l'ensemble des circonstances où avait eu lieu l'offensive et par ses résultats. Le général Nivelle n'avait jamais eu sur ses subordonnés et sur ses soldats l'ascendant que donne à un chef une longue vie passée en contact immédiat avec les troupes. Il était peu connu d'elles. Son élévation imprévue au commandement suprême avait excité contre lui des jalousies qui n'attendaient qu'une occasion de se manifester. Ayant plus de finesse d'esprit et d'élégance dans sa personne et dans ses manières que de cette sorte de rudesse par laquelle on montre sa force et on fait taire l'envie, il commençait à sentir lui-même que l'autorité glissait dans ses mains et lui échappait peu à peu. Des incidents comme celui de la disgrâce du général Mangin, comme celui de la démarche faite auprès du président de la République par un député, M. Ybarnégaray, — qui venait se plaindre, à tort d'ailleurs, qu'on songeât à reprendre l'offensive dans des conditions inquiétantes, — comme celui aussi du général Mazel qui tenait au ministre de la guerre, au sujet des attaques en préparation, des propos de nature à semer la défiance, ne pouvaient que donner de plus en plus l'impression que le commandant en chef ne tenait pas l'armée en mains avec la vigueur plus nécessaire que jamais dans les circonstances où on se trouvait. Cependant l'idée de relever le général Nivelle de ses fonctions était résolument écartée par le Conseil des ministres. Le général y avait des défenseurs comme M. Léon Bourgeois, M. Maginot et aussi M. Malvy, qui s'opposaient nettement à ce qu'on ouvrît une crise du commandement. Il n'y avait nul doute que si la question était posée le Conseil ne leur donnât raison. M. Painlevé s'en rendait si bien compte qu'il s'était rallié à l'idée suggérée par un membre du Conseil d'adjoindre au commandant en chef le général Pétain avec le titre de major-général. Je n'ai pas besoin de dire que cette idée ne pouvait pas avoir l'assentiment du général Pétain. Elle l'eût mis dans une situation fausse aussi bien que le général Nivelle lui-même. Aussi fut-elle écartée. Le Conseil prit un parti plus sage en décidant que le général Pétain serait placé à la tête de l'état-major général de l'armée.

L'institution d'un vrai chef d'état-major, ayant une autorité personnelle, et capable de servir de conseil au ministre et au comité de guerre, est indispensable en temps de guerre, plus encore qu'en temps de paix. L'effacement de la fonction en face de celle du grand quartier général n'est pas une condition nécessaire de l'accord qui doit exister entre le ministre de la guerre et le com-

mandant en chef des armées. Il faut sans doute
bien préciser les attributions, en temps de guerre,
du chef d'état-major de l'armée. Il ne doit pas
s'immiscer dans le commandement. Son rôle
est d'éclairer le ministre et le comité de guerre
sur tout ce qui est relatif à la conduite générale
de la guerre, d'appuyer ou de critiquer les propositions du grand quartier général, d'étudier
les moyens pour l'armée de maintenir ses effectifs
au niveau le plus élevé possible, d'entretenir les
relations avec les attachés militaires étrangers et
la correspondance avec nos propres attachés.
Tâche assurément difficile et délicate : mais qui,
aux mains d'hommes comme le général Pétain
et ensuite le général Foch, a été féconde en bons
résultats.

Je connaissais à peine, à ce moment, le général
Pétain. Je l'avais rencontré à la préfecture du
Pas-de-Calais, dans quelques dîners officiels,
quand il était colonel d'un régiment d'infanterie à Arras. Si la guerre n'était pas sur-
venue qui met les hommes de caractère et de
grande valeur à leur place, le colonel Pétain
aurait fini sa carrière dans les honneurs obscurs
d'une brigade d'infanterie. Il a, pendant la
guerre, franchi rapidement les échelons qui
devaient le conduire jusqu'au commandement
en chef des armées. Il a montré les plus hautes

qualités du chef, la connaissance du soldat et de ce qu'on peut obtenir de lui, en vivant avec lui, le souci de ne rien laisser au hasard dans la préparation des attaques, l'habileté à combiner les plans et à tirer parti de toutes les ressources, le calme, le sang-froid qui commande la confiance, la décision, l'audace même quand elle est nécessaire, enfin l'autorité sans laquelle tout le reste ne saurait avoir son prix. C'est à lui qu'en un moment de grand péril, en 1916, s'était adressé le général de Castelnau pour lui demander de prendre en main la défense de Verdun. On sait comment il sut tout rétablir, et arrêter la poussée allemande. Cela n'empêche pas qu'on n'ait essayé de lui barrer la route du commandement en chef. Il n'a peut-être pas toujours surveillé son langage aussi sévèrement qu'il fait depuis qu'il porte de grandes responsabilités. Il n'a jamais rien eu du courtisan. Il parle avec sobriété, sans recherche, mais avec précision et clarté et souvent avec une pointe d'esprit. On devine que sous ses dehors de réserve et de froideur il y a un homme très maître de lui, mais qui sent plus vivement les choses qu'on ne croirait au premier abord. Qu'on dise qu'il n'a pas eu de ces éclairs de génie qui ont suffi à immortaliser d'autres généraux, qu'il coupe trop volontiers les ailes à son imagination, je me récuse pour apprécier avec compétence si on a tort ou si on a raison. Mais qu'on insinue que le général Pétain aurait pu faire en 1917 ce que le général Foch a fait en 1918, après l'échec de l'offensive à corps perdu de l'armée allemande, prendre l'ennemi à la gorge et le bouter hors de France, c'est d'un tel parti-pris d'injustice que je ne puis pas ne pas m'irriter contre les auteurs de ces propos. L'histoire, quand elle sera écrite sur les vrais documents, mettra les hommes et les choses à leur place. Le général Pétain peut attendre son jugement. Pour moi, qui l'ai vu à l'œuvre dans les jours les plus sombres, au moment où il fallait rétablir l'autorité dans l'armée, réprimer des mutineries, restaurer la discipline, je puis attester qu'il a rendu à la France le plus grand service qu'elle pût attendre de lui. Il a été un chef dans la plus haute acception de ce mot et ni l'armée ni le pays ne l'ont oublié.

Je vous dirai, dans une prochaine lettre, comment, malgré le désir qu'il avait d'éviter toute crise dans le commandement, le Conseil des ministres a, sur ma proposition, appelé à l'unanimité le général Pétain aux fonctions de général en chef.

LETTRE XXIII

LA nomination du général Pétain aux fonctions de chef d'état-major semblait devoir ajourner, tout au moins, la crise du commandement, demeurée latente depuis l'affaire du 16 avril. Comme je vous l'ai dit, M. Painlevé avait rencontré une forte opposition toutes les fois qu'il avait fait entrevoir que le général Nivelle ne pourrait pas garder ses fonctions. Le commandant en chef avait renoncé à poursuivre l'offensive en grande profondeur qu'il avait tentée le 16 avril. Mais il ne restait pas inactif. Une première opération avait été combinée pour atteindre la crête du Chemin des Dames que nous n'avions pas pu enlever dans la précédente attaque. Cette opération réussit et nous donna la sécurité dont nous avions besoin. Une autre opération avait été préparée qui devait nous rendre maîtres de l'ancien fort de Brimont, des hauteurs de Spin et de Sapigneul et dégager la ville de Reims. Le général Nivelle, après avoir recueilli l'avis des généraux chargés de conduire les opérations, se croyait sûr du succès. Mais, comme je vous l'ai écrit, le langage que lui tenaient quelques-uns de ses subordonnés ne concordait pas avec celui qu'avait entendu, au cours de ses visites, le ministre de la guerre. Le général Pétain était d'avis que, pour résister aux contre-attaques des Allemands et nous établir définitivement sur ces hauteurs, nous serions entraînés à faire des sacrifices d'hommes beaucoup plus considérables que ceux qu'on prévoyait. Les tirs de préparation étaient commencés, lorsque le général Pétain fut appelé aux fonctions de chef de l'état-major de l'armée. Comme il devait faire visite le lendemain au quartier général, M. Painlevé crut qu'il n'y avait pas d'inconvénient à prier par le téléphone le général Nivelle de ne pas brusquer l'attaque et d'attendre le résultat de la conversation qu'il aurait avec le chef d'état-major. Il n'y aurait eu aucune critique à adresser au ministre, si les termes dont s'était servi M. Painlevé n'avaient semblé indiquer qu'il s'agissait d'une décision prise en comité de guerre, et par conséquent d'une immixtion abusive dans la conduite d'une opération purement militaire. Quand je connus les termes de la communication de M. Painlevé, je le priai de faire en sorte qu'il ne pût y avoir de

malentendu à cet égard. Dans une lettre écrite
le 1er mai au commandant en chef, le ministre
de la guerre s'exprimait ainsi : « Je n'ai jamais
entendu vous donner l'ordre d'arrêter une opération en cours. Je vous ai signalé les divergences
qui devaient exister entre vos appréciations et
celles du général Pétain concernant l'attaque de
Brimont, attaque qui, d'après votre lettre du 27,
pouvait être retardée sans inconvénient ; —
2º la nécessité de confronter ces appréciations
avant de déclancher l'attaque. » L'incident ne
devait pas avoir de suites, puisqu'après leur
conférence, le général Nivelle, cédant aux observations du général Pétain, avait lui-même décidé
d'ajourner l'opération.

Mais les rapports devenaient de plus en plus
tendus entre le ministre et le commandant en
chef. Ce qui m'inquiétait, c'étaient moins encore
les difficultés qui devaient naître de cette situation que l'état de l'armée tel qu'il nous apparaissait de jour en jour. Le contre-coup de la Révolution russe commençait à se faire sentir, non
moins que celui de l'arrêt de l'offensive du
16 avril. Le moral des troupes avait résisté
jusque-là à toute la propagande malsaine par
laquelle on essayait d'exciter chez elles du
mécontentement et de les incliner à réclamer
la fin de la guerre. Cette propagande se faisait

surtout aux environs des gares de Paris, où les hommes envoyés chez eux en permission n'étaient pas l'objet de soins assez attentifs ni protégés contre certaines promiscuités dangereuses. La police parisienne et celle du gouvernement militaire ne s'étaient pas accordées pour combiner leur action, à l'intérieur et à l'extérieur des gares. Des mesures ont été prises, qui auraient dû l'être beaucoup plus tôt. Sans entrer ici dans les détails, je puis dire que, dans les premiers jours de mai, la situation était devenue pour nous un sujet de graves préoccupations. Le feu qui couvait devait éclater bientôt. Vous savez quels commencements de mutinerie se manifestèrent parmi les soldats. Un régiment se mit en marche sur Paris. Si une autorité très ferme et reconnue de tous ne mettait pas fin à ces premiers désordres, où se seraient-ils arrêtés ? Ce qu'il y avait de plus navrant, c'est que les initiatives les plus coupables venaient souvent de ceux qui avaient le plus courageusement fait leur devoir dans les combats. J'avais suivi de près les premiers symptômes du mal. Je ne pouvais pas ne pas me demander si le flottement que nous apercevions dans la direction supérieure, si l'affaiblissement du sentiment de la discipline chez les chefs aussi bien que chez les soldats n'étaient pas un véritable danger à l'heure critique où nous étions arrivés. Je n'hésitai pas à laisser voir à la commission de l'armée du Sénat le fond de ma pensée. « Nous traversons, lui ai-je dit le 9 mai, une crise du commandement qui est, à mon sens, grave. L'autorité du commandement est affaiblie pour bien des raisons. Peut-être parce que celui qui en est investi n'a pas toute l'autorité personnelle qu'il faut, ni sur ses lieutenants, ni sur son état-major général. Il y a une crise qui se traduit par ce fait intolérable : le commandant en chef discuté par ceux qui doivent lui obéir et recevoir de lui leurs inspirations. Cela ne peut pas durer. Ceux qui sont appelés à collaborer ont non seulement le droit, mais le devoir de donner leur avis. Ils doivent pouvoir dire « nous critiquons tel ou tel point », sauf à s'incliner si le chef maintient sa décision. Cela on ne le fait pas et on prend sa revanche au dehors, on va trouver les uns et les autres, et ainsi se crée cet état d'insubordination qui n'est pas tolérable ». Le procès-verbal de la séance constate que mes paroles trouvèrent un écho dans la commission.

J'avais déjà pris à ce moment la décision que je fis connaître six jours plus tard, le 15 mai, d'appeler au commandement en chef le général Pétain. Personne n'avait à ce moment l'autorité personnelle dont le général Pétain jouissait dans

l'armée. Il était l'homme qui, par sa seule présence, mettrait fin aux querelles, apaiserait les
esprits, calmerait les agitations dangereuses. Il
a fallu hélas ! user de rigueur, mais avec quelle
modération et quelle maîtrise de soi-même !
Je dois rendre ce témoignage à M. Painlevé
qu'il a aidé de toutes ses forces et de tout son
cœur le commandant en chef dans cette tâche
nécessaire et douloureuse. Je ne veux pas insister
sur ce triste sujet. Mais n'ai-je pas eu raison
d'aller voir le président de la République, de
lui confier mes inquiétudes et ma résolution de
saisir le Conseil des ministres ? M. Poincaré
me dit tout de suite que non seulement il ne
ferait aucune opposition à ma propostition de
confier le commandement en chef au général
Pétain, mais qu'il m'appuierait de son autorité
dans le Conseil des ministres, ce qu'il a fait et
dont je lui garde reconnaissance. Je n'ai d'ailleurs
rencontré de la part de mes collègues aucune résistance. C'est à l'unanimité que fut prise la décision.

Je proposai ensuite de confier au général Foch
les fonctions de chef de l'état-major de l'armée.
Le ministre de la guerre avait hésité entre le
général Foch et le général Fayolle. Il se rallia
avec empressement au choix que je recommandais
au Conseil, et, cette fois encore, la résolution
fut unanime.

J'avais vu deux fois le général Foch. La première, ce fut le 1er novembre 1914 à Dunkerque, où j'avais accompagné le président de la République. Le général arriva le soir, tout chaud, tout excité de la bataille de l'Yser. Il nous dit avec feu que la ruée allemande était arrêtée et que l'ennemi ne tarderait pas à battre en retraite. En octobre 1916, quand je visitai avec M. Albert Thomas les lignes britanniques sur la Somme, nous nous arrêtâmes le soir à Villers-Bretonneux au poste de commandement du général Foch. Il nous parut assez fatigué. L'entretien porta en partie sur les finances, dont j'étais très naturellement très préoccupé. Le général Foch me dit que la guerre n'avait jamais fini faute d'argent, ce qui est vrai de toutes les guerres anciennes. Mais que serait le lendemain de la guerre ? « Ne vous inquiétez pas, me dit le général, la France sera plus riche le lendemain de la guerre qu'elle ne l'était en 1914. » Il entendait par là qu'il y aurait après la victoire un tel élan d'activité industrielle et commerciale que la France ne tarderait pas à relever ses ruines et à refaire sa fortune. J'admirai la confiance du général, tout en faisant mes réserves : car chaque jour, à ce moment, ajoutait à mon anxiété du lendemain.

On reprochait au général Foch de n'avoir pas

su pousser assez loin ses avantages durant cette longue bataille de la Somme, d'avoir manqué à tel jour l'occasion de lancer sa cavalerie à travers les lignes allemandes. Peu de temps après, son commandement lui fut retiré. On le chargea d'étudier ce qu'il y aurait à faire si la neutralité suisse venait à être violée par l'armée ennemie. Le général Nivelle, dès son arrivée au commandement en chef, chercha à rendre au général son commandement. Il y parvint, en le chargeant à titre provisoire du commandement du groupe d'armées de l'Est pendant le voyage à Pétrograd du général de Castelnau, sous prétexte de lui donner ainsi le moyen de continuer la mission d'étude qui lui avait été confiée à la frontière suisse. Quand le général de Castelnau revint de Russie, il fallut lui rendre son commandement. Le général Foch serait resté sans emploi si nous n'avions pas décidé de l'appeler aux fonctions de chef d'état-major de l'armée. Dès qu'il eut pris séance au comité de guerre, il montra des qualités de jugement qui firent impression sur tous les membres du comité. Il exposait les questions très simplement et avec clarté, en homme qui ne cherche pas à se faire valoir et qui se contente d'apporter un avis ferme et réfléchi. On avait en l'écoutant un sentiment de sécurité complète. Ce qui m'a frappé en lui, au cours des voyages que nous avons faits à Londres, c'est de voir tant de science, unie à tant de bon sens, une valeur personnelle si haute et si peu désireuse de briller et de se mettre en relief, je ne sais quoi de familier et de digne à la fois qui fait naître tout naturellement la confiance. Cela explique que nos alliés aient si vite apprécié le général Foch, qu'ils se soient inclinés de bon cœur devant sa supériorité, qu'ils l'aient accepté comme général en chef le jour où, après des revers qui allaient tourner au désastre, il a fallu reconnaître enfin la nécessité de réaliser l'unité du commandement. Je n'ai pas revu le général Foch au cours de 1918, de cette campagne de France où il a donné la mesure de son génie militaire. Quand je me suis rencontré avec lui, après l'armistice, je l'ai trouvé aussi simple, aussi dépourvu de vanité et, semble-t-il, de toute préoccupation personnelle que lorsqu'il était chef d'état-major de l'armée. Je ne crois pas qu'il y ait de figure à la fois plus grande et plus sympathique que la sienne.

LETTRE XXIV

L'ARRÊT de la grande offensive eut du retentissement en Angleterre. L'armée du maréchal Haig avait rempli avec succès le rôle qui lui avait été attribué. Il était tout naturel que le maréchal s'inquiétât du bruit qui lui revenait de Londres que, en raison des pertes subies, nous étions disposés à nous relâcher de notre action. Que ce bruit fût parti ou non du quartier général français, il n'était pas fondé, et c'est ce que nous avons dit au maréchal Haig que j'avais fait prier de venir à Paris (26 avril). J'ai lieu de penser que le maréchal s'en alla rassuré. Quelques jours plus tard, arrivèrent soudainement à Paris M. Lloyd George, lord Robert Cecil, le général sir W. Robertson et l'amiral Jellicoe. Ils voulaient nous entretenir des inquiétudes que leur causait la guerre sous-marine et nous parler de la nécessité de réduire l'armée de Salonique. Mais on ne pouvait pas ne pas s'occuper de la conduite des opérations militaires en France. Le général sir W. Robertson et le maréchal Haig eurent à ce sujet, dans la matinée du 4 mai, une conférence avec le général Pétain et le général Nivelle. Ils nous remirent une note rédigée par le chef d'état-major britannique, sur laquelle ils s'étaient mis d'accord. Ils étaient d'avis qu'il était essentiel de continuer les opérations offensives sur le front occidental. Une grande partie des réserves de l'ennemi avait été épuisée. Si l'on donnait à l'ennemi le temps de se ressaisir, les bénéfices de ce succès seraient perdus. L'ennemi pourrait se jeter sur la Russie ou sur l'Italie, et ni l'un ni l'autre de nos alliés n'était en état de repousser une attaque en grande force. L'objectif du gouvernement allemand est d'encourager le peuple à tenir, jusqu'à ce que la guerre sous-marine ait produit son effet. Si on le laisse libre de remporter des succès faciles là où il peut les obtenir, il atteindra son but. Mais la note ajoutait :

« Nous sommes toutefois unanimement d'avis que la situation a changé depuis l'époque où les deux gouvernements se sont mis d'accord sur le plan de l'offensive commencée en avril, et que ce plan n'est plus opérant. Il ne peut plus être question de viser à rompre le front ennemi et de viser des objectifs éloignés. La question maintenant est d'user et d'épuiser la résistance ennemie et, si ce but est atteint et quand il sera atteint, d'en exploiter les conséquences jusqu'aux dernières limites possibles. Pour l'user, nous sommes d'accord qu'il est absolument nécessaire de combattre avec toutes nos forces disponibles, avec l'objectif de détruire les divisions ennemies. Nous sommes maintenant d'avis qu'il n'y a pas de demi-mesure entre cette méthode et la défensive qui, à cette époque de la guerre, équivaudrait à reconnaître la défaite. Nous sommes tous d'avis que notre objectif peut être atteint en attaquant sans répit avec des objectifs limités, cependant que nous ferons l'usage le plus complet de notre artillerie... Nous étant mis d'accord sur les principes ci-dessus, nous considérons que les méthodes à adopter pour les mettre en pratique, et l'époque et le lieu des différentes attaques, sont matières à laisser aux généraux responsables. »

Nous ne pouvions pas ne pas donner notre adhésion au plan qui nous était soumis. N'était-ce pas la méthode qu'avait préconisée le général Pétain, avant l'offensive du 16 avril ? M. Lloyd George insista sur la nécessité d'agir vigoureusement sans attendre l'arrivée des États-Unis. L'Amérique ne pourra pas nous aider avant longtemps. 500.000 Américains seront très utiles, si la guerre dure. Mais il faut vivre en attendant ;

et, d'ailleurs, aurons-nous le tonnage nécessaire pour transporter et entretenir d'un côté à l'autre de l'Atlantique une armée considérable ?... La guerre sous-marine était toujours au fond des préoccupations du premier ministre anglais. Ne disait-il pas encore que si nous arrétions l'offensive ou si nous nous bornions à de petites démonstrations, l'ennemi se convaincrait lui-même qu'en continuant à couler des bateaux il nous rendrait la continuation de la guerre impossible ? Le langage que tint M. Painlevé et celui que je tins moi-même donnèrent satisfaction au premier ministre de la Grande-Bretagne. « Nous n'avons jamais voulu rien d'autre, dit M. Painlevé, que d'examiner et revoir notre méthode de manière à disposer avec plus d'efficacité et sans gaspillage de toutes nos forces... La bataille doit continuer avec tous les moyens en notre pouvoir et avec toute l'énergie possible. » Et qu'ai-je dit moi-même : « Après trois ans de guerre, une attitude purement défensive serait la plus grave des imprudences. Nous devons et nous voulons user de toute notre force. Nous sommes redevenus maîtres de l'initiative. C'est un résultat considérable. Il faut ne pas le laisser perdre. Mais si nous devons, sans hésiter, agir avec toutes les ressources dont nous disposons, nous devons faire en sorte que ces ressources soient utilisées sans prodigalité irréfléchie. Les effectifs français ont plus souffert que les vôtres, parce que c'est nous qui avons soutenu, dès le début, tout le poids de la guerre. »

Le général Pétain intervint pour achever de dissiper tout malentendu. « Ce qui pouvait donner lieu, dit-il, à une méprise sur nos intentions, c'est la confusion entre une attaque limitée et une attaque avec objectif stratégiquement limité. Il importe de bien saisir la différence entre une action en profondeur et une action en largeur. L'espoir de grands résultats en profondeur nous a causé des déceptions. S'il s'agit essentiellement de retenir et de détruire les forces ennemies, c'est un effort en largeur conduit avec intensité qui nous donnera les meilleurs résultats. » Je demandai à M. Lloyd George si, après ces déclarations, il était rassuré. « Entièrement, me répondit-il, et de même que nous avons tenu exactement les promesses que nous avons faites par la convention de Calais, de même je n'ai pas le moindre doute que celle-ci sera fidèlement exécutée. »

Les vigoureuses offensives menées avec de si beaux succès par le général Pétain sur le Chemin des Dames et plus tard à Verdun, l'offensive des Flandres dirigée, avec notre concours, par le maréchal Haig, n'ont-elles pas été l'application

exacte de la méthode sur laquelle nous nous
étions accordés à Paris le 4 mai 1917 ? Ce que je
viens de dire, en m'appuyant sur les documents
que j'ai dans les mains, ne suffit-il pas à faire
justice des légendes qu'on a essayé de propager
sur notre prétendu désaccord avec le gouvernement et l'état-major britanniques, sur l'abandon
volontaire en 1917 de toute action vigoureuse,
sur la politique d'attente que nous aurions de
parti-pris substituée à une politique toute d'initiative et d'énergie ?

Si j'ai un regret à exprimer aujourd'hui, ce
n'est pas d'avoir tenu en mai et en juin 1917
la conduite que vous savez, d'avoir pris les responsabilités que j'ai prises d'accord avec tous
mes collègues : c'est de n'avoir pas empêché le
débat qui a eu lieu en comité secret, à la Chambre
des députés, sur les résultats de l'offensive du
16 avril, sur les fautes du commandement et sur
les sanctions qu'elles pouvaient comporter. J'ai
réussi le 22 mai à faire ajourner ce débat. Si
j'avais été seul en cause, j'aurais demandé en
juin à la Chambre de ne pas l'aborder et de s'en
tenir aux sanctions qui avaient été prises par le
gouvernement, et j'aurais posé la question de
confiance. J'ai parlé en ce sens au Conseil des
ministres ; mais il y avait des engagements pris
avec la commission de l'armée, et, je le répète,

je n'étais pas seul. Le ministre de la guerre tenait à s'expliquer, à répondre aux attaques dont il était l'objet. Je ne pouvais lui refuser la parole. Il en a usé avec un talent, une sincérité et une émotion qui ont fait sur la Chambre des députés et ensuite sur le Sénat une grande impression. Mais le débat n'en a pas moins été fâcheux, et, placé aujourd'hui à distance de ces événements, dégagé des nécessités que j'ai dû subir, je ne puis pas ne pas regretter que nous n'ayons pas fait un effort plus énergique pour l'écarter.

Quand, à la suite de ce débat, il s'est agi d'engager la procédure qui aurait permis au ministre de la guerre de mettre à la retraite les généraux qu'on voulait rendre responsables de la façon dont l'offensive du 16 avril avait été conduite, j'ai obtenu du ministre de la guerre qu'il chargeât tout d'abord le général Brugère, le général Foch et le général Gouraud de faire une enquête impartiale et de donner leur avis en toute indépendance. Ils l'ont exprimé dans un rapport qui n'a pas été publié. Ce rapport peut être accepté comme un verdict équitable. Il n'a pas dissimulé les reproches qu'on pouvait adresser au général Nivelle et au général Micheler, tout en concluant que le général Nivelle méritait par sa belle défense de Verdun qu'on lui restituât

un commandement. Il a mis entièrement hors
de cause le général Mangin, le plus attaqué des
généraux au lendemain de l'offensive.

J'ai voulu entrer avec vous dans ces détails,
pour que vous puissiez établir votre jugement
non pas sur des articles de journaux, sur des
propos de couloirs, mais sur des documents
certains, analysés avec une exactitude scrupu-
leuse. J'attends votre réponse pour vous donner,
s'il y a lieu, quelques explications complémen-
taires.

JE dois vous parler aujourd'hui de la révolution qui venait de s'accomplir en Russie quelques jours avant mon arrivée aux affaires. Dès la fin de 1916 on sentait qu'elle était dans l'air. Le pays était fatigué de la guerre. Il n'était pas disposé à faire de nouveaux sacrifices pour des buts qu'il ne voyait pas clairement. Son désir de paix, habilement entretenu par les influences allemandes, se tournait de plus en plus en une violente irritation contre le gouvernement. Tous les vices de l'administration russe s'étaient montrés avec une évidence douloureuse pendant la guerre. Le peuple et l'armée souffraient du désordre qui existait dans tous les services publics, particulièrement dans celui du ravitaillement. On était toujours dans la crainte de manquer de vivres par suite de la difficulté des transports. Les embarras économiques devenaient de jour en jour plus grands et la situation financière ne pouvait qu'inspirer les plus sérieuses inquiétudes.

Autour du tsar s'agitaient des intrigues qui pr aient l'allure de conspirations. Chez certains min res qu'on désignait, la trahison au service de Allemagne se dissimulait à peine. Le tsar, d'intentions les plus droites mais faible de caractère, se laissait dominer par l'impératrice. Celle-ci, mystique et superstitieuse, livrée à l'influence sordide d'un Raspoutine, ne pouvait que ruiner l'autorité du tsar. Si elle ne conspirait pas, elle se donnait, par ses imprudences, l'apparence de travailler au profit d'une politique louche, contraire aux intérêts de la nation. Le respect s'en allait, et dans toutes les classes de la société la satire se donnait carrière, souvent d'une manière cruelle, contre l'impératrice. On en était arrivé à prévoir qu'une tragédie de palais se produirait bientôt, comme dans les anciens temps de la Russie.

Le tsar ne voulait rien entendre aux conseils que lui donnaient ses ministres fidèles et inquiets ou des membres de sa famille. A M. Trépoff qui essayait de lui ouvrir les yeux, il répondait : « Dussé-je faire pendre la moitié de la Russie, je ne céderai pas » (télégramme de notre ambassadeur du 6 janvier 1917). Il donnait l'impression d'une grande fatigue, d'une sorte d'abandon à sa destinée.

C'est dans ces dispositions qu'il reçut la visite de M. Doumergue, envoyé auprès de lui par le gouvernement français, en même temps que le général de Castelnau. Nous étions inquiets des rapports que nous recevions de notre ambassadeur. La Russie serait-elle prête à prendre part, comme elle l'avait promis, à la grande offensive de 1917 ? Le tsar ne se laisserait-il pas entraîner vers l'idée d'une paix prématurée ? Ce qui préoccupait aussi le ministère, et surtout le président de la République, c'était que nous n'eussions aucun gage écrit de la promesse du tsar d'appuyer notre réclamation de l'Alsace et de la Lorraine, et notre projet de créer un État indépendant sur la rive gauche du Rhin, qui serait une sorte de tampon entre la France et l'Allemagne.

Je ne suis pas sûr que derrière cette idée d'un État indépendant, à laquelle, m'a dit le président de la République, les socialistes du ministère eux-mêmes ne faisaient pas d'opposition, ne se glissât chez quelques-uns l'espérance d'annexer un jour ces territoires à la France. On n'oubliait pas qu'ils avaient fait partie de l'Empire français. Pendant longtemps les populations y avaient montré une véritable aversion pour la Prusse, à laquelle elles avaient été rattachées en 1815,

sans avoir été consultées. Les sympathies pour
la France y étaient restées vivaces avant la guerre
de 1870 et l'entrée des Français y eût été accueillie
comme une délivrance. Après 1870, les choses
avaient changé. Le développement des relations
économiques et industrielles avaient créé des
liens nouveaux avec l'Allemagne. Beaucoup
d'Aliemands d'outre-Rhin y étaient établis. Si
quelques personnes en France étaient d'avis
qu'il serait possible d'annexer ces provinces,
d'en faire des départements français, de leur
donner le droit d'envoyer des représentants à la
Chambre des députés et au Sénat, elles com-
mettaient un véritable anachronisme. Serait-il
sage de la part de la France de se donner une
tâche qui dépasserait ses forces, risquerait de la
brouiller avec ses alliés, et lui donnerait l'apparence de se mettre en opposition avec ses propres
doctrines sur le droit des peuples de disposer
seuls d'eux-mêmes ?

J'étais pour ma part peu enclin à ce qu'on
soulevât, avant la fin de la guerre, de pareilles
questions. La garantie que pouvait nous donner
l'engagement du tsar de nous appuyer dans nos
prétentions ne compensait pas les inconvénients,
les dangers mêmes de la divulgation toujours
possible de nos projets. D'ailleurs, le tsar, au
moment où nous lui avions donné carte blanche

du côté de Constantinople, n'avait-il pas lui-même déclaré à notre ambassadeur que nous avions les mains libres sur la rive gauche du Rhin et qu'il serait heureux de voir la France s'établir à Cologne et à Mayence ? Était-il urgent de donner à ces promesses la forme d'un échange de lettres entre les Chancelleries ? La menace d'une révolution qu'on sentait venir à Pétrograd ne devait-elle pas nous conseiller d'attendre, au lieu de nous hâter ?

C'est pourquoi j'ai résisté aux instances qui ont été faites auprès de moi pour me déterminer à entreprendre le voyage de Pétrograd. M. Doumergue accepta de se rendre en Russie. Il partit vers le milieu de janvier pour Londres, où il rejoignit lord Milner et M. Scialoja, délégué du gouvernement italien. Il n'avait, pour se guider, qu'une lettre écrite dans les premiers jours de janvier à M. Paul Cambon par M. Viviani, qui faisait l'intérim des affaires étrangères. Sir Edward Grey avait demandé quelques mois auparavant à M. Paul Cambon de lui communiquer, à titre confidentiel, les conditions que nous étions disposés à mettre à la paix en ce qui nous concernait. Nous avions laissé tomber la conversation sur ce sujet délicat. Pendant que le président du Conseil était à Rome avec M. Albert Thomas et le général Lyautey, M. Viviani apporta au Conseil un projet de lettre à M. Paul Cambon. Le Conseil l'approuva sans discussion. Il s'agissait d'un entretien tout confidentiel que notre ambassadeur devait avoir avec sir Edward Grey. Si des objections nous étaient faites, nous serions libres de ne pas donner suite à nos intentions. M. Paul Cambon, opposé personnellement à ce que nous fissions confidence à l'Angleterre de nos projets de derrière la tête, ne fit rien pour amener de nouveau la conversation sur ce sujet. Il garda la lettre dans son tiroir.

M. Doumergue ne se crut pas autorisé à mettre lord Milner dans le secret de la mission qu'il allait remplir auprès du tsar. Les lettres échangées à Pétrograd, après l'entretien de M. Doumergue et de l'empereur, ne furent pas communiquées au gouvernement britannique. Elles sont demeurées secrètes jusqu'au jour où elles ont été divulguées par les journaux allemands. M. Terestchenko, alors ministre des affaires étrangères de Russie, s'est défendu de les avoir laissé sortir de son ministère. Lorsque j'ai offert en avril 1917 à M. Stéphen Pichon l'ambassade de Pétrograd, il a vu, dans les dossiers mis à sa disposition, ces fameuses lettres. Il vint me trouver, tout ému de sa découverte. Il me conseilla vivement de proposer au gouvernement russe de les déchirer par crainte de l'éclat que pourrait produire leur publication. Je ne me rangeai pas à cet avis. Nous ne pouvions pas nous infliger à nous-mêmes cette sorte de désaveu. Je préférai, d'accord avec le président de la République, accepter les risques d'une explication qui pouvait être donnée honorablement aux Chambres, si la question était portée devant elles. Cette explication a eu lieu en comité secret en mai 1917. Ni la Chambre des députés ni le Sénat, qui ont eu communication de la lettre adressée à M. Paul Cambon, n'ont partagé l'indignation que les socialistes ont cru devoir manifester. Ce qui a été fâcheux, c'est que le gouvernement britannique ait été en droit de dire à la Chambre des communes qu'il n'avait rien connu de nos accords secrets avec la Russie, et qu'il ne les eût pas approuvés.

Aucun reproche ne peut être adressé à M. Doumergue. Il a fait connaître, par un télégramme au ministre des affaires étrangères (30 janvier), le langage qu'il comptait tenir au tsar. Il a envoyé de Pétrograd une relation complète de sa conversation avec Nicolas II. L'échange des lettres entre M. Paléologue et M. Pokrowski a été précédé de l'envoi d'un télégramme qui demandait l'autorisation du ministre des affaires étrangères.

Quand M. Terestchenko parla de ces lettres

à M. Albert Thomas, celui-ci ne cacha pas sa surprise. Il n'assistait pas, en effet, au Conseil des ministres où avait été approuvée la lettre à M. Paul Cambon. Il me demanda de lui expliquer ce qui s'était passé. Avant d'être informé de l'échange des lettres, M. Briand avait reçu une visite de M. Iswolski. L'ambassadeur de Russie était chargé de nous demander, en retour de l'engagement pris par le gouvernement russe en ce qui concernait notre frontière de l'Est, de donner carte blanche à la Russie en ce qui regardait sa frontière occidentale. M. Briand sentait l'inconvénient d'abandonner ainsi à la Russie la question des limites de la Pologne. Il proposa de se borner à dire que les deux pays s'engageaient à se soutenir mutuellement dans les revendications qu'ils auraient à présenter quant à leurs frontières, à l'Est pour la France et à l'Ouest pour la Russie. On lui objecta que la question était déjà tranchée, en ce qui concerne la France, par l'échange des lettres qui avait eu lieu à Pétrograd. M. Briand, après avoir pris l'avis du Conseil des ministres, consentit alors à signer la formule que l'ambassadeur de Russie lui avait présentée.

Il avait un peu oublié tous ces détails lorsqu'il vint me voir au quai d'Orsay et que je lui communiquai le télégramme de M. Albert Thomas.

Son premier mouvement fut de me dire qu'il n'avait pas autorisé M. Paléologue à signer la lettre adressée à M. Pokrowski, et qu'il s'en tenait à la formule par laquelle les deux pays s'étaient donné pleine liberté réciproque en vue des futures négociations. J'écrivis sous sa dictée cette explication. Mais quand je consultai le dossier, je dus reconnaître que les choses ne s'étaient pas passées comme le croyait mon prédécesseur, et j'envoyai à Pétrograd un télégramme qui mettait les choses au point et dégageait la responsabilité de M. Paléologue aussi bien que celle de M. Doumergue.

Je reviens à la Révolution russe. Elle était imminente lorsque M. Doumergue a quitté Pétrograd en février 1917. Notre ambassadeur ne cessait pas de nous entretenir de ses inquiétudes. Cependant il demeurait convaincu que la Russie continuait de « représenter dans l'alliance une force énorme », et que dans sa masse, « le peuple russe était résolu à poursuivre la guerre jusqu'à la victoire complète. » C'est même, ajoutait-il, « le seul point sur lequel l'empereur s'accorde encore avec ses sujets... Le parti germanophile n'est certes pas à dédaigner, mais l'assassinat de Raspoutine lui a porté un coup terrible et les exécutions ne sont pas finies.

Cette fermeté du sentiment national me paraît une garantie de premier ordre... » (télégramme du 14 janvier 1917). M. Doumergue avait de son côté « l'impression très forte qu'il y avait une volonté unanime de pousser la guerre jusqu'à la victoire complète » (télégramme du 19 février).

La Révolution russe ne fut donc pas une surprise pour nous. Ce qui nous étonna, ce fut la rapidité avec laquelle le gouvernement impérial s'écroula sans que personne essayât de le défendre. Les régiments de la garde impériale furent les premiers à passer du côté de la révolution. Le 13 mars l'insurrection était maîtresse de Pétrograd. Dans l'anarchie générale, deux comités se formèrent : l'un formé par la Douma, qui siégeait au palais de Tauride et cherchait à sauver le régime en proclamant au besoin un autre empereur ; l'autre, composé d'ouvriers et de soldats, qui s'était installé à la gare de Finlande et voulait proclamer la république et mettre fin à la guerre. L'empereur, qui se rendait à Moscou pour tenter d'organiser la résistance, fut arrêté en route. Il signa son abdication en faveur de son fils, sous la régence du grand-duc Michel. Cette régence devait s'évanouir en un matin. Je ne sais pas si le tsar a dicté lui-même la lettre qu'il adressait au peuple russe. Elle est d'une noblesse de sentiments et d'expression vraiment digne d'être admirée. Je me félicite d'avoir, à la tribune de la Chambre des députés, rendu hommage à cet infortuné souverain demeuré fidèle jusqu'au dernier moment à la parole donnée à notre pays. Mes paroles trouvèrent un écho approbateur jusque sur les bancs où siégeaient les socialistes.

Un gouvernement provisoire avait été formé sous la présidence du prince Lvof. Il était obligé de céder le palais de Tauride au conseil des délégués des ouvriers et des soldats, au *Soviet* pour l'appeler par son nom, qui comptait déjà 1.600 membres et devait bientôt en avoir 2.000. Ce comité surveillait de près le gouvernement provisoire, en attendant qu'il agît en maître. Les trois quarts de ses membres étaient opposés à la continuation de la guerre (télégramme du 17 mars). L'état de l'armée était affligeant. Les officiers n'étaient plus salués par les soldats ; ils faisaient peine à voir. Beaucoup de soldats avaient déjà quitté Pétrograd pour se rendre dans leurs villages. C'est dans la garde impériale qu'on constatait les plus honteuses défections (télégramme du 18 mars).

Le gouvernement provisoire n'osait pas se prononcer nettement sur la question de la guerre. Il craignait de heurter les sentiments de la majorité du Soviet. Dans son manifeste du 20 mars, il déclarait bien qu'il restait fidèle à toutes ses alliances, et qu' « il ferait tout son possible pour assurer à l'armée le nécessaire en vue de mener la guerre à une fin victorieuse » ; mais, dans le message qu'il adressait à ses représentants dans les pays neutres, il ne faisait aucune allusion à la guerre, et le nouveau ministre des affaires étrangères, M. Milioukof, ne donnait de ce silence qu'une explication embarrassée. Notre ambassadeur avait raison de s'en étonner. « La France, disait-il au ministre, a fait elle aussi des révolutions devant l'ennemi ; mais Danton et Gambetta tenaient un autre langage » (télégramme du 20 mars).

Qu'était-il advenu des prédictions de M. Paléologue et de M. Doumergue sur la résolution de la Russie de continuer la guerre avec la dernière énergie ? On se trompe aisément quand on tâte le pouls d'un peuple à la veille d'une révolution. Je suis sûr que notre ambassadeur, qui est homme d'esprit, ne pourrait s'empêcher de sourire, s'il relisait les appréciations qu'il faisait des ministres et en particulier de M. Kerenski, ministre de la justice, qu'on s'accordait, disait-il, à regarder comme le véritable chef du gouvernement. « Kerenski donne l'impression d'un homme d'action par sa figure énergique, sa parole sobre, son geste sec, par je ne sais quoi qui rappelle Saint-Just. » (télégramme du 25 mars) Ce por-

trait, fait pourtant d'après nature, ne répond pas
tout à fait à ce que les événements nous ont
appris de M. Kerenski.

Le Soviet vota le 13 avril une motion invitant
le gouvernement provisoire à entrer en négociations en vue d'une paix reposant sur la fraternité
des peuples, sans indemnité ni conquête. Tout
aussitôt le gouvernement austro-hongrois s'empressa de faire publiquement des offres de paix
à la Russie. J'y reviendrai dans une prochaine
lettre, quand je vous parlerai des manœuvres de
paix en 1917. Je télégraphiai à Londres et à
Rome pour demander à nos alliés s'ils ne croyaient
pas nécessaire d'inviter le gouvernement provisoire à couper court au plus tôt à toute équivoque.
M. Sonnino était prêt à envoyer des instructions
dans ce sens. Mais le *Foreign Office* crut qu'il
serait plus politique de s'abstenir. On devait,
à son avis, laisser aux socialistes envoyés de
France et d'Angleterre en Russie le temps d'agir
sur leurs correligionnaires politiques.

Trois députés français avaient reçu mandat
du parti unifié de se rendre à Pétrograd.
MM. Moutet, Cachin et Lafont étaient partis
dans les meilleures dispositions. Chacun d'eux
avait, jusqu'à ce jour, soutenu par ses votes et
par sa parole la politique de l'Union sacrée. Ils
ne pouvaient être suspectés de complaisance

envers des idées dissolvantes de la minorité du parti socialiste. On comptait sur leur action personnelle pour essayer de dissiper les chimères dont était hanté l'esprit des révolutionnaires russes.

Le premier accueil qu'ils reçurent à Pétrograd fut assez différent de celui auquel ils s'attendaient. On leur demanda pourquoi la minorité n'avait pas envoyé de délégués. Les socialistes anglais, qui s'étaient joints à eux, répondirent que c'était la coutume en Angleterre que la minorité fût représentée par la majorité. On les pria ensuite d'expliquer pourquoi les socialistes de France et d'Angleterre s'occupaient tant des nations opprimées par d'autres pays que les leurs, et si peu des nationalités qui subissaient le joug de l'Angleterre ou de la France. A quoi M. O'Grady répondit qu'on ne pouvait résoudre simultanément toutes les questions, et que d'ailleurs la question de l'Inde et celle de l'Irlande n'étaient pas aussi simples qu'on semblait le croire... Ce début n'était pas rassurant. Seraient-ce les socialistes russes qui se laisseraient convaincre? ou ne seraient-ce pas plutôt MM. Moutet, Cachin et Lafont qui verraient bientôt par les yeux de ceux qu'ils s'étaient flattés d'éclairer et de ramener dans une meilleure voie?

En même temps qu'il avait donné des passeports aux députés socialistes, le gouvernement français avait décidé de charger un de ses membres, M. Albert Thomas, d'une mission spéciale auprès du gouvernement provisoire à Pétrograd. Personne n'était plus désigné que M. Thomas. Il avait déjà fait un voyage en Russie avec M. Viviani, au temps du ministère de M. Briand, et il y avait laissé de bons souvenirs dans tous les milieux. Nous attendions de lui qu'il nous renseignât sur l'état exact de la Russie, et nous comptions sur lui pour donner quelque vigueur aux résolutions du gouvernement provisoire.

Je vous dirai dans une prochaine lettre comment M. Albert Thomas a rempli sa mission.

LETTRE XXVI

LES premières impressions de M. Albert Thomas furent plutôt d'un optimiste. Il en était au même point que M. Paléologue à la veille de la révolution. A travers l'agitation de la foule et des soldats, et à travers les rêves humanitaires d'un peuple longtemps tenu en

tutelle et tout à coup émancipé, il croyait découvrir un sentiment patriotique très ardent qui
permettait d'espérer que la lutte, une fois reprise
contre l'Allemagne, serait poursuivie avec énergie
jusqu'à la victoire. Le gouvernement réussirait
à remettre de l'ordre dans la confusion qui suit
malheureusement tout changement trop brusque
et trop radical... Cependant M. Kerenski commençait à manœuvrer pour obliger le ministre
des affaires étrangères, M. Milioukof, qui y
résistait, à partager ses vues sur la révision des
buts de guerre de la Russie. Le 27 avril, l'agence
télégraphique annonçait que le gouvernement
préparait une note aux Puissances alliées où il
exposerait ses idées sur les conditions de la paix
future.

C'est M. Kerenski lui-même qui avait communiqué cette information et M. Milioukof ne
la connut que par les journaux. M. Paléologue,
que j'avais entretenu dans une lettre amicale de
sa situation personnelle, avait accepté avec empressement de revenir en France et de laisser le
champ libre à M. Albert Thomas. Il crut néanmoins devoir, avant de quitter Pétrograd, me
faire connaître son sentiment. Nous ne devions
nous prêter, sous aucun prétexte, à laisser mettre
en discussion nos accords avec la Russie. Mieux
valait à son avis une rupture qui nous permet-

trait de nous retourner vers la Turquie et de
l'amener à nous proposer la paix, que de nous
engager dans des négociations périlleuses. M. Albert Thomas était d'un avis opposé. Il nous
conseillait de ne pas nous émouvoir de l'insistance que mettaient les délégués des ouvriers
et des soldats à réclamer la révision des buts de
guerre. Il fallait écarter pour le moment l'idée
de réunir une conférence, mais ne pas opposer
une fin de non recevoir à la proposition qui
nous en serait faite, se prêter au contraire aux
vues des délégués en répudiant tout ce qui,
dans les conditions de paix, pouvait avoir un
caractère d'impérialisme. S'appuyer uniquement
sur le droit pour dicter une paix équitable et
durable, telle était la tâche à envisager.

M. Albert Thomas avait pris part à Londres,
en décembre 1916, à la rédaction de la note par
laquelle les Alliés ont fait connaître au président
Wilson les buts qu'ils poursuivaient en continuant la guerre. Il n'avait pas fait, à ce moment,
de réserves et n'avait pas cru que la note reflétât
aucunes tendances à l'impérialisme. Je lui télégraphiai (30 avril) : « Poser en ce moment la
question de révision des buts de guerre par une
conférence internationale, ce serait réaliser ce
que l'Allemagne poursuit à Stockholm, où elle
voudrait réunir les socialistes de tous les pays

engagés dans la guerre... Une pareille proposition, si elle n'était pas accueillie, créerait une
situation équivalant à la rupture de l'Entente.
Si elle était accueillie, elle livrerait à l'Allemagne
une arme pour dissocier les Alliés. Nous ne sommes
pas disposés à nous laisser entraîner sur une
pente aussi dangereuse... »

Les interminables discussions du Conseil des
ministres russes aboutirent, en fin de compte,
à l'envoi aux Puissances alliées d'une note rédigée
en termes assez prudents, où était marquée la
volonté de continuer la guerre pour arriver à la
victoire. Le comité des ouvriers et soldats,
mécontent, fit entendre une protestation violente.
Peu s'en fallut que les manifestations dans la rue
ne se changeassent en troubles graves. L'intervention du ministre de la guerre et du général
Kornilof réussit heureusement à maintenir
les troupes de Pétrograd dans le devoir. La
situation n'en restait pas moins obscure et précaire.

Que devaient faire les Alliés, je veux dire la
France, l'Angleterre et l'Italie ?

Elles prirent le temps de réfléchir avant de
répondre à la note du gouvernement provisoire.
M. Albert Thomas insistait pour que notre
réponse fût un appel à l'opinion russe, une affirmation énergique des idées démocratiques, en

même temps qu'une revendication de nos droits
quant à l'Alsace et à la Lorraine et à la réparation
des dommages causés par l'invasion de la France.
Une formule sur les garanties à exiger de l'Allemagne aurait marqué que si les gouvernements
alliés avaient dû chercher dans des neutralisations
ou des partages d'influence ou des précautions
de frontière des sécurités contre des peuples
non parvenus encore à la démocratie et capables
d'agression contre leurs voisins, l'établissement
définitif de la démocratie dans le monde rendrait
révisibles ces accords... Tout cela nous parut
un peu nuageux. Aussi bien l'ambassadeur anglais
à Pétrograd était-il d'avis que toutes ces formules
ne satisferaient aucunement l'opinion russe,
qui voulait une révision effective des buts de
guerre.

Finalement, la réponse du gouvernement
anglais, aussi brève que possible, fut remise le
19 mai. Il n'y avait, dans cette note, rien à retenir
que le dernier paragraphe. Après avoir montré
que le gouvernement britannique ne faisait pas
une guerre de conquête et que, par conséquent,
il ne s'écartait pas des principes au nom desquels
avait parlé le gouvernement russe, la note se
terminait ainsi : « Le gouvernement britannique
croit que, d'une manière générale, les accords
qu'il a de temps à autre passés avec ses alliés

sont conformes à ces principes. Mais si le gouvernement russe le désire, il est tout prêt avec ses alliés à examiner et à réviser ces accords. » Cela pouvait mener loin, d'autant plus que le jour même où la note était remise à la Chancellerie russe, une crise dans le gouvernement se terminait par l'éviction de M. Milioukof et par l'arrivée au ministère des affaires étrangères de M. Terestchenko, précédemment ministre des finances. M. Kerenski devenait ministre de la guerre et de la marine. MM. Tseretelli et Skobeleff prenaient les portefeuilles des postes et télégraphes et du travail. Ils représentaient, avec trois autres membres, les éléments socialistes du conseil des délégués des ouvriers et soldats.

La déclaration du nouveau gouvernement s'exprimait ainsi sur la politique extérieure :

« Dans le domaine politique, le gouvernement provisoire repousse, d'accord avec le peuple entier, toute idée de paix séparée et se propose ouvertement pour but d'arriver au plus vite à une paix universelle qui n'impliquerait ni l'asservissement des autres peuples, ni la privation de leur patrimoine national, ni l'occupation par la force de territoires étrangers, à une paix sans annexion ni contribution, donnant aux nations la faculté de disposer librement de leur sort.

Fermement convaincu que la chute du régime
tsariste et la consolidation des principes démocratiques dans la politique intérieure et extérieure
de la Russie ont créé un nouveau facteur incitant
les démocraties alliées à tendre vers une paix
durable et la fraternité des peuples, le gouvernement provisoire prendra des mesures préparatoires pour mettre en harmonie les vues de ses
alliés avec celles exprimées dans la note du gouvernement provisoire en date du 27 mars/9 avril. »

Cette déclaration me parvint dans la soirée du
21 mai. Le lendemain la Chambre des députés
devait se réunir pour reprendre ses travaux en
même temps que le Sénat. Je vous dirai, dans une
prochaine lettre, quelle attitude je crus devoir
adopter pour parer au danger de cette formule
de paix sans annexion et sans contribution que
le gouvernement russe venait de s'approprier
dans un document officiel.

LETTRE XXVII

QUE n'avez-vous prévu, dira-t-on, que le gouvernement russe allait, par les concessions faites au comité des ouvriers et des soldats, perdre de plus en plus toute force et toute action véritable sur l'opinion et sur l'armée ? N'était-on pas engagé sur la pente qui devait conduire à la disparition de ce gouvernement et au coup de parti des bolcheviks ? N'eût-il pas mieux valu faire son deuil de l'alliance russe qui, de plus en plus, allait nous échapper et n'était déjà plus qu'un trompe-l'œil ?

Ce n'est pas vous qui tiendrez ce langage. Vous avez trop le sentiment de ce qu'est la politique pour juger après coup d'une situation et des devoirs qu'elle imposait à notre gouvernement. Mais d'autres le tiendront et nous reprocheront peut-être de n'avoir eu ni assez de clairvoyance ni assez de fermeté.

Si nous avions dit alors au pays qu'il ne devait plus compter sur la Russie, quel n'eût pas été son étonnement ! et quelles n'eussent pas été les conséquences d'un tel langage ! Il n'était personne, à ce moment, qui ne s'accrochât de toutes ses forces à l'espérance que la Russie se reprendrait elle-même, et qu'une fois engagée de nouveau dans la bataille elle la mènerait avec toute son énergie, au prix des plus grands sacrifices. Fallait-il fermer l'oreille à ce que disaient les généraux russes de la possibilité de ressaisir l'armée, de l'entraîner au combat, de la mener à la victoire ? Pouvait-on s'exposer à une brusque rupture avec le gouvernement provisoire dont on savait les intentions et aussi les embarras et les redoutables difficultés ? La véritable habileté politique n'était-elle pas de s'attaquer à cette formule équivoque de la paix sans annexion et sans contribution, de démasquer les intentions perfides de ses inventeurs et d'en faire sortir un accord sur ce qu'il y avait d'essentiel dans nos revendications ?

Quelques heures avant de me rendre le 22 mai à la séance de la Chambre des députés, je recevais un télégramme personnel de M. Terestchenko, qui rendait hommage dans les meilleurs termes au désintéressement de la France, à l'élan avec lequel elle s'était jetée dans la guerre par fidélité aux traités, à l'admirable effort qu'elle poursuivait pour retenir vers l'Ouest la pesée de l'ennemi et permettre à la Russie de reconstituer ses forces. Le ministre des affaires étrangères se portait garant de la volonté de la Russie de ne pas abandonner la lutte et de ne pas faire une paix séparée.

Je lus ce télégramme à la tribune, aux applaudissements unanimes de la Chambre. Et tout de suite je posai la question. « Une paix sans annexion, cela veut-il dire une paix sans conquête, sans abus de la force ? Mais le gouvernement français a déjà répudié l'idée d'une paix qui ne fût pas une telle paix. Cela veut-il dire que la France renonce à poursuivre la restitution des provinces qui lui ont été arrachées par la violence et qui sont restées françaises de par le droit et de par la volonté de leurs habitants ? Mais c'est l'Allemagne qui, en annexant, au mépris de toute justice, l'Alsace et la Lorraine, a créé cet état de violence qu'une paix juste doit faire cesser. M. de Bismarck est le grand responsable du régime sous lequel l'Europe a vécu pendant quarante ans. Quant à la paix sans indemnité, elle ne peut s'entendre qu'au sens que lui donne M. Wilson, d'une paix qui n'infligera pas au vaincu une amende arbitraire, comme rançon de sa défaite : elle n'exclut pas la réparation de tous les dommages résultant de la guerre injuste qui nous a été infligée. Il faut une justice dans le monde pour les peuples comme pour les individus, et la nation qui a déchaîné la guerre, commis les atrocités dont nous souffrons doit réparer le mal qu'elle a fait. Ce que nous voulons, c'est une paix fondée sur la justice, sur le droit des peuples, et qui ne soit pas ruinée d'avance par la menace du despotisme militaire qui a si lourdement pesé sur le monde. Que le peuple allemand, à qui nous reconnaissons le droit de se développer comme tout autre, comprenne cela, la paix sera plus facile à obtenir. Voilà ce qu'on dit à Washington comme à Pétrograd, voilà ce qui est au cœur de la démocratie française ! »

Mes paroles improvisées répondaient si bien aux sentiments de la Chambre qu'elles furent saluées des applaudissements les plus vifs. Les journaux firent écho le lendemain à ces applaudissements. Quelques-uns s'inquiétèrent discrètement de l'approbation que m'avaient donnée les socialistes. On semblait presque regretter cette unanimité sous laquelle devait se cacher quelque malentendu. Cependant personne n'osait contredire mon langage. M. Clemenceau, dans son journal, disait : « Je m'empresse de constater que la première impression du discours de M. Ribot est éminemment favorable... Habile par excellence, voilà le principal caractère qu'il faut lui reconnaître. Trop habile ? je n'ai pas encore le courage de le dire. » Le lendemain M. Clemenceau se demandait s'il n'était pas imprudent de faire confiance aux bonnes intentions de M. Terestchenko et si, en faisant remonter la première responsabilité de la guerre actuelle à M. de Bismarck, nous n'accordions pas d'avance une amnistie trop généreuse au peuple allemand solidaire de son kaiser dans toutes ses classes. Il trouvait quelque subtilité dans la distinction entre l'amende pénale et l'indemnité pour réparation des dommages de guerre... Pourtant cette distinction, tout le monde l'a faite, après moi, jusqu'à M. Clemenceau lui-même dans le traité de Versailles. Quelques journaux ont imaginé, un peu plus tard, de me faire grief d'avoir — après le président Wilson, M. Lloyd George, M. Asquith et M. Briand — reconnu à l'Allemagne, comme à tous les peuples, le droit de se développer pacifiquement. Ce sont les petites misères de la polémique des partis.

Quelques jours après, en comité secret, je fus amené à m'expliquer de nouveau sur les buts de guerre que la France devait continuer de poursuivre. M. Renaudel porta à la tribune la question des lettres échangées à Pétrograd en février 1917 lors du voyage de M. Doumergue. Après avoir

donné lecture de ces lettres, je me refusai à
désavouer ce qu'avait fait le ministère présidé par
M. Briand. Je marquai à quelles conditions la paix
pourrait se faire honorablement pour la France.

Le lendemain, en séance publique, je repris
ces conditions, je les expliquai comme je l'avais
fait à la séance du 22 mai et je demandai à la
Chambre de s'unir dans un vote patriotique. Il
était tard, et la séance fut suspendue pour donner
aux représentants des différents partis le temps
de se concerter et d'arrêter les termes d'un ordre
du jour. La discussion fut longue entre les socialistes et les délégués des autres groupes. M. Renaudel venait de temps en temps me demander
de dire un mot qui permît à ses amis de voter
pour le ministère. Je demeurai impassible, résolu
que j'étais à ne rien ajouter à mes déclarations.
Il y avait de l'émotion dans les couloirs de la
Chambre, parce qu'on venait d'apprendre qu'il
y avait eu une échauffourée — dont on exagérait
la gravité, — dans un quartier populaire de
Paris entre des habitants et des travailleurs anna-
mites... Enfin, après minuit, la séance publique
fut reprise. L'ordre du jour proposé par les
représentants des groupes de la Chambre, à
l'exception des socialistes, fut lu par le président.
Je viens d'en relire le texte :

« La Chambre des députés, expression directe

du peuple français, adresse à la démocratie russe et aux autres démocraties son salut. Contresignant la protestation unanime qu'en 1871 firent entendre à l'Assemblée nationale les représentants de l'Alsace-Lorraine, malgré elle arrachée à la France, déclare attendre de la guerre, qui a été imposée à l'Europe par l'Allemagne impérialiste, avec la libération des territoires envahis, le retour de l'Alsace à la mère patrie et la juste réparation des dommages.

« Éloignée de toute pensée de conquête et d'asservissement des populations étrangères, elle compte sur l'effort des armées de la République et des armées alliées pour permettre, le militarisme prussien abattu, d'obtenir des garanties durables de paix et d'indépendance pour les peuples, grands et petits, dans une organisation, dès maintenant préparée, de la Société des nations. Confiante dans le gouvernement pour arriver à ces résultats par l'action diplomatique de tous les Alliés, elle repousse toute addition et passe à l'ordre du jour. »

Je montai à la tribune et, dans une improvisation ardente qui, à cette heure, fit impression sur la Chambre, j'adjurai M. Renaudel et ses amis de ne pas se séparer de la majorité de la Chambre. Les socialistes se divisèrent au vote. Il y eut pour l'ordre du jour 467 voix contre 52.

M. Renaudel, M. Sembat, M. Groussier, M. Varenne faisaient partie de la majorité. C'était la
première fois qu'une scission publique se faisait
dans le parti socialiste.

Vous vous rappelez sans doute qu'au dehors
l'impression fut excellente. Il ne pouvait y avoir
d'équivoque. La France savait ce qu'elle voulait
et elle le disait avec franchise à la Russie et à
tous ses alliés. J'envoyai à M. Terestchenko,
qui m'en remercia, mon discours du 22 mai et
l'ordre du jour de la Chambre des députés.

Quelques jours plus tard, le Sénat vota à
l'unanimité un ordre du jour dans le même
esprit. Toutefois la réunion des délégués des
groupes chargée de préparer cet ordre du jour
se refusa, malgré mes efforts et ceux de M. Léon
Bourgeois, à insérer un paragraphe relatif à la
Société des nations. M. Clemenceau ne cachait
pas alors son scepticisme à l'égard des idées de
M. Wilson et il le faisait partager à la majorité de
ses collègues.

La réponse du gouvernement français à la
note du gouvernement russe, qui avait été remise
le 24 mai, ne faisait que traduire en langage
diplomatique ce que j'avais dit le 22 à la tribune
de la Chambre des députés. Tout était clair dans
notre attitude et nous n'avions qu'à attendre ce
que ferait le gouvernement provisoire.

Nous ne fûmes pas surpris d'apprendre que
M. Kerenski persistait à demander une révision
des accords entre les Alliés dans une conférence
qui se tiendrait, à cet effet, à Londres ou à Paris.
Il n'était pas possible de souscrire à cette proposition. M. Teretschenko lui-même en reconnaissait tous les dangers. Nous invitâmes le gouvernement russe à participer à une réunion des chefs
des gouvernements alliés qui devait avoir lieu
à Paris. Que serait-il sorti d'une telle réunion ?
Le gouvernement provisoire était de moins en
moins maître de ses résolutions. Comme je vous
l'ai dit, je ne fais pas ici de l'histoire. Je ne
m'attarderai donc pas à marquer les tristes
étapes de cette course à l'abîme qui devait se
terminer, après mon départ du ministère, par
le coup de force et de surprise d'où est sortie
l'abominable dictature que la Russie subit depuis
deux années et demie.

Je veux seulement ajouter que, durant cette
période, nous avons été représentés à Pétrograd
par M. Noulens, qui a bien voulu accepter les
fonctions d'ambassadeur et qui les a remplies
avec une grande sûreté de jugement et beaucoup
de courage. Il m'est agréable de pouvoir lui
rendre ici cet hommage.

LETTRE XXVIII

ON a fait grand bruit, depuis quelque temps, de certaines révélations d'où l'on a voulu conclure qu'en 1917 nous aurions laissé passer l'occasion de mettre fin à la guerre par une paix à l'avantage de la France. Vous n'en croyez rien ; mais je vais m'expliquer avec vous, comme je l'ai déjà fait devant les commissions de la Chambre des députés ou du Sénat, de façon à dissiper toute incertitude.

Que l'Allemagne et l'Autriche-Hongrie aient songé dès 1916 aux moyens de terminer la guerre parce qu'elles sentaient que la victoire leur échappait, personne n'en peut douter. Mais à quelles conditions auraient-elles fait la paix ? Si la France avait consenti à ne pas réclamer l'Alsace-Lorraine et si l'Italie avait renoncé à exiger Trieste, l'Allemagne eût sans doute fait à la France quelques concessions en Lorraine, sans toutefois abandonner Metz, et l'empereur d'Autriche eût cédé à l'Italie le Trentin de langue italienne en échange de quelque compensation en Afrique ou ailleurs. Une paix fondée sur le retour au *statu quo ante bellum* était au fond de la pensée des deux empereurs. Puisqu'on n'avait pu frapper les coups décisifs qui devaient nous mettre à la merci de nos ennemis, on aurait la bonne grâce d'annuler la partie, sauf à la reprendre quelque jour avec de meilleures chances.

La France avait fait connaître, à la fin de 1916 — en répondant au président des États-Unis — quels étaient ses buts de guerre, c'est-à-dire les conditions qu'elle était disposée, ainsi que ses alliés, à mettre à la conclusion de la paix. Cette réponse avait été concertée à Londres dans une conférence avec les ministres de la Grande-Bretagne, où M. Briand, retenu en France par une indisposition, m'avait prié de le remplacer en compagnie de M. Philippe Berthelot.

J'ai pris peu de part à la rédaction de cette réponse au président Wilson, tout occupé que j'étais à discuter avec M. Bonar Law des questions financières. Au cours de l'entretien que nous eûmes avec M. Lloyd George, M. Balfour et les membres du *War Cabinet*, j'émis l'avis que notre réponse à la note allemande qui nous avait été transmise par le président des États-Unis devait être aussi courte que possible. Nous devions la considérer comme une manœuvre de guerre et y répondre sans entrer dans aucun détail. Quant à la réponse à faire au président Wilson, je posai la question suivante : s'agit-il de rédiger un document de forme diplomatique ou de s'adresser en réalité au peuple américain ? M. Lloyd George et M. Balfour furent d'accord pour dire que nous devions surtout parler au peuple américain, comme d'ailleurs l'avait fait M. Wilson lui-même. « Ce qu'il faut essayer de faire entrer dans l'esprit des Américains, c'est que s'ils veulent assurer l'avenir, ils doivent avant tout assurer la paix sur les bases que nous voulons lui donner. Il ne peut être question de faire connaître les conditions que nous aurions à débattre dans un congrès de la paix. Ce qu'il faut, c'est indiquer clairement nos principes et donner à l'appui quelques exemples concrets. » Le projet de réponse fut préparé par M. Balfour et notre ambassadeur, M. Cambon, puis soumis à une commission composée de MM. Balfour, lord Robert Cecil, Paul Cambon, Albert Thomas, Philippe Berthelot et de Fleuriau.

En dégageant la pensée des formules diplomatiques où l'on s'était étudié à laisser un peu de vague sur certaines de nos revendications, la France et l'Angleterre étaient d'accord pour réclamer la restitution par l'Allemagne de l'Alsace-Lorraine, l'abandon par l'Autriche de Trieste à l'Italie, l'expulsion des Turcs de Constantinople ; la reconstitution de la Belgique dans sa pleine indépendance, la réparation des dommages causés par l'invasion allemande en France et en Belgique ; puis, sous une forme adoucie de manière à ne pas blesser la Russie, la formation d'une Pologne indépendante, le rétablissement de la Serbie, l'autonomie reconnue aux populations slaves de l'empire d'Autriche-Hongrie.

L'Allemagne était si loin de consentir à de pareilles conditions qu'elle préféra ne pas répondre à l'invitation du président des États-Unis qui lui avait demandé, comme à nous-mêmes et à la Grande-Bretagne, de s'expliquer sur les buts qu'elle poursuivait en continuant la guerre. Le Reichstag devait, il est vrai, faire, en juillet 1917, une manifestation afin de pousser le gouvernement impérial d'Allemagne à se montrer conciliant pour amener la fin de la guerre, qui commençait à peser très lourdement sur les populations et dont on n'espérait plus tirer une victoire décisive ; mais si le besoin de la paix se faisait de plus en plus sentir, rien n'indiquait que ni l'Allemagne, ni l'Autriche fussent prêtes à faire les sacrifices que la France et ses alliés eussent exigés d'elles pour déposer les armes.

Était-il possible, après tant de sacrifices, de

faire « la paix blanche » qu'on semblait nous offrir ? Qui aurait pris en France, en Angleterre ou en Italie la responsabilité de pourparlers en vue d'une telle paix ? La conscience publique ne se serait-elle pas révoltée contre un tel abandon et, disons le mot, contre une telle trahison ?

L'Allemagne et l'Autriche n'ont rien négligé pour répandre dans l'opinion l'impression que la paix était possible, et qu'elle dépendait de la bonne volonté des gouvernements alliés.

Le gouvernement de Berlin avait vu, dès le lendemain de la Révolution russe, le parti qu'il pouvait tirer du désir immense de paix qui se faisait jour à travers la phraséologie des principaux meneurs. Si la formule « paix sans annexion et sans indemnité » n'a pas pris naissance, — comme on peut d'ailleurs le croire — sur les bords de la Sprée, elle répondait trop bien aux aspirations du gouvernement allemand pour n'être pas accueillie par lui avec empressement. Notre ministre à Copenhague avait, dès la fin de mars, l'impression très nette que, par l'intermédiaire de Scheidemann, le chancelier espérait pouvoir endoctriner la plupart des socialistes allemands et les amener à organiser avec leurs camarades de Russie un vaste mouvement de propagande pacifiste. Le socialiste Stauning, membre du Cabinet de Copenhague, faisait passer aux socialistes russes à Pétrograd des télégrammes rédigés à Berlin sous l'œil complaisant du gouvernement, où s'exprimait « le vif souhait que l'avenir politique du peuple russe contribuât à assurer rapidement la paix pour laquelle les socialistes allemands luttaient depuis le début de la guerre (télégramme du 2 avril).

M. Huysmans, secrétaire du bureau socialiste international, avait offert à M. Branting, qui faisait partie du ministère suédois, de se rendre à Stockholm pour s'entretenir avec lui de la situation. Au lieu de venir seul, comme il était convenu, il amena avec lui une délégation du bureau, pour organiser une conférence internationale où seraient représentées les majorités et les minorités du parti socialiste (télégramme du 18 avril). Quand M. Albert Thomas passa, deux jours plus tard, à Stockholm, M. Branting se défendit d'avoir donné aucun encouragement à ce projet. Il ajouta qu'à son avis la réunion ne pourrait avoir lieu si les Français n'y adhéraient pas, et M. Albert Thomas n'hésita pas à affirmer qu'ils refuseraient toute participation (20 avril).

Voilà, pour la première fois, mise en avant l'idée de cette conférence de Stockholm qui devait faire tant de bruit, sans jamais se réunir.

M. Albert Thomas ne cachait pas que M. Branting était préoccupé du mouvement des esprits, en Suède comme en Danemark, en faveur d'une paix équitable qui serait obtenue le plus rapidement possible. Au fond de ses préoccupations, il y avait surtout la question d'Alsace et de Lorraine. Comme M. A. Thomas lui demandait où en étaient, sur cette question, les socialistes allemands, M. Branting lui répliquait : « Où en êtes-vous vous-mêmes en France ? » A quoi M. A. Thomas répondait que tous les socialistes français, même les minoritaires, étaient d'avis que la guerre ne pouvait se terminer sans que la France eût recouvré l'Alsace et la Lorraine. Sur l'observation de M. Branting que les congrès socialistes avaient parlé de consulter les Alsaciens et les Lorrains, il avouait que son parti avait presque à l'unanimité reconnu que, conformément aux principes de la Révolution française, les populations devaient être consultées. Mais il était, en ce qui le concerne, opposé à une telle consultation (télégramme du 20 avril).

Il repoussait de toutes ses forces l'idée que des socialistes pussent se réunir tranquillement dans des congrès pendant que d'autres socialistes s'entretuaient dans les armées. Comment d'ailleurs oublier que les socialistes allemands l'avaient trompé lui et ses amis, lorsque dans les congrès ils disaient être d'accord pour proclamer la grève générale en cas de déclaration de guerre ? Comment ne pas se souvenir que Muller était venu à Paris pour dire que les socialistes allemands ne voteraient jamais les crédits de guerre ?... Le surlendemain, les crédits avaient été votés.

Arrivé à Pétrograd, M. Albert Thomas devait se montrer moins catégorique. Il regrettait que j'eusse refusé des passeports, pour se rendre en Russie, à MM. Brizon et Longuet, malgré la demande que m'avait fait parvenir M. Milioukof, de la part du Soviet de Pétrograd. En nous faisant savoir que ce Soviet avait décidé de convoquer lui-même une conférence internationale où seraient appelés tous les partis socialistes en communauté de sentiments avec la démocratie russe sur les buts de guerre, il n'était pas d'avis de refuser nettement l'invitation, mais de déclarer que nous ne pourrions aller à cette conférence que si les formules d'invitation étaient rédigées de telle sorte que les majoritaires allemands ne pussent pas, de leur côté, s'y rendre (télégramme du 15 mai). Il s'affermissait de plus en plus, en y réfléchissant, dans l'idée que nous avions tout à perdre à une attitude intransigeante, et, sur ce point, il se croyait d'accord avec la majorité du parti socialiste en France (télégramme sans date reçu le 22 mai).

En fait, à Paris, le parti était divisé. Des hommes comme M. Varenne se montraient énergiquement opposés à ce qu'on allât à Stockholm. « Faire la paix avec les Hohenzollern, écrivait-il dans l'*Événement*, n'est-ce pas la solution du désespoir et, pour tout dire, la solution par la défaite ? La nouvelle initiative est donc vouée au même échec que les précédentes. » La commission administrative du parti se prononçait dans le sens d'un refus. Mais les minoritaires tenaient une réunion où ils décidaient que les socialistes français devaient se faire représenter à Stockholm. Et tout de suite, dans le journal l'*Humanité* dont il était le directeur, M. Renaudel dessinait un commencement d'évolution en déclarant que les majoritaires iraient eux aussi à la conférence pour reconstituer l'Internationale, mais qu'ils demanderaient qu'on mît tout d'abord au programme la question des responsabilités. « Nous traduirons, disait-il, à la barre de la conférence les socialistes qui ont manqué à leur devoir (journal l'*Humanité* du 9 mai). »

L'opinion suivait avec calme, en France, ce débat entre socialistes. Cependant un député déposa le 10 mai une interpellation sur l'attitude que le gouvernement comptait prendre. Donnerait-il aux socialistes des passeports pour se rendre à Stockholm ? Je ne pressai pas la discussion de cette interpellation. On pouvait espérer que la majorité des socialistes français se rangeraient d'eux-mêmes aux avis très sages qu'ils recevaient des États-Unis et d'Angleterre. Un congrès national du parti était convoqué pour le 27 mai, et, le 13 mai, l'*Humanité* annonçait qu'on lui demanderait de confirmer la résolution de la commission administrative de ne pas envoyer de délégués à Stockholm. La convocation, expliquait-on, est irrégulière. Fût-elle régulière, elle n'aurait d'utilité que si on avait fait connaître la résolution de définir les principes qui permettraient une action commune. Les socialistes français devaient donc déclarer qu'ils ne pourraient se rendre à une convocation régulière que si l'ordre du jour était constitué par la recherche des responsabilités des gouvernements et des partis socialistes quant aux origines de la guerre.

La riposte paraissait un coup de maître à M. Varenne. « Elle aiguille, écrivait-il, le train de Stockholm sur une voie de garage comme le train qui devait ramener le tsar à Moscou... Quand les socialistes français, unifiés comme on sait, délibèrent ensemble, ils ne peuvent pas s'entendre. Comment faire délibérer en commun les socialistes des pays en guerre ? Entreprise impossible, en vérité, à Stockholm et même ailleurs. »

En Angleterre, M. Lloyd George inclinait à

laisser les socialistes anglais de toutes couleurs libres de se rendre à Stockholm pour s'y rencontrer avec les socialistes allemands. Il s'était adressé, à titre personnel, à M. Albert Thomas pour connaître son avis. Il craignait que, si la cause des Alliés n'était pas représentée à Stockholm, une mauvaise impression ne fût produite sur les socialistes russes. Notre cause, expliquait-il, est, d'un point de vue démocratique, très forte. Nous avons l'appui non seulement des démocrates alliés et de ceux d'Amérique, mais aussi des partis démocratiques dans les pays neutres. Nos ennemis, au contraire, sont soutenus chez les neutres par les classes aristocratiques. La lutte est devenue une phase du long procès entre les privilèges et la liberté. « Nous pourrions accepter, ajoutait-il, les termes de la déclaration du nouveau gouvernement russe, à savoir que le rétablissement de la paix générale ne doit pas comporter la domination d'une nation sur les autres, accaparement de leurs richesses nationales, usurpation violente de leur territoire, et que ce doit être une paix sans annexion ni indemnité, basée sur le droit des nations à décider de leurs affaires, — si l'on admet toutefois que ces expressions ne signifient pas que Français et Anglais seront obligés de rendre à l'exploitation turco-allemande les

populations de l'Afrique et de la Mésopotamie
qui en ont été distraites, et aussi s'il était entendu
que les provinces qui ont été arrachées à la
France par le militarisme prussien lui seraient
restituées. Si les choses pouvaient être exposées
comme il faut, cela pourrait avoir un effet important non seulement sur la Russie, mais aussi
sur l'opinion allemande, et les Allemands pourraient en conclure que c'étaient en réalité les
crimes de leurs gouvernements qui empêchaient
la paix. Il faudrait même faire comprendre aux
délégués allemands que, si un gouvernement
démocratique était établi en Allemagne et en
Autriche, il serait beaucoup plus facile de négocier avec eux... D'un autre côté, si des socialistes
de France et d'Angleterre sont empêchés d'aller
à la conférence, la conclusion s'imposera avec
une force prépondérante que leurs gouvernements ont peur de les laisser parler librement à
leurs alliés russes, et tous les mensonges que les
Allemands voudraient répandre à ce sujet trou-
veraient facilement créance... »

M. Albert Thomas répondit à ce télégramme
qu'il espérait que nos conditions seraient accep-
tées, mais que, dans l'hypothèse contraire, il
faudrait encore aller à Stockholm.

Au cours d'une conférence que nous eûmes à
Londres dans les derniers jours de mai, au sujet

des affaires de Grèce, M. Lloyd George me fit
part de son intention d'autoriser les socialistes
anglais de toutes nuances à se rendre librement
à Stockholm et à Pétrograd. Je réservai la décision
qu'aurait à prendre le gouvernement français.

A mon retour à Paris, je trouvai à la gare
M. Viviani. Il me dit que la Chambre des députés,
si calme à mon départ, était en grande rumeur
et en véritable agitation. Que s'était-il passé ?

Le dimanche 27 mai avait eu lieu la réunion
du congrès national socialiste : et là un coup
de théâtre s'était produit. MM. Moutet et
Cachin, revenus l'avant-veille de Pétrograd et
de Stockholm, avaient raconté ce qu'ils avaient
vu et entendu à Pétrograd. Ils avaient si bien
enlevé l'assemblée qu'à l'unanimité on avait
décidé d'aller à Stockholm, sans poser aucune
condition. Ce revirement si soudain ne nous
permettait pas de douter de ce qui se passerait
à Stockholm si nous autorisions le départ des
délégués français. Il n'était que trop évident que
les belles résolutions des politiques du parti ne
tiendraient pas devant les exigences de la minorité de la veille, qui voulait imposer la paix russe,
c'est-à-dire la paix après laquelle l'Allemagne
soupirait et multipliait ses intrigues. M. Albert
Thomas m'a raconté qu'il avait reçu de M. Adler,
le père du meurtrier de l'archiduc Rodolphe,

qu'on brûlait à Vienne, dans toutes les églises, des cierges pour le succès de la conférence. L'affaire se présentait de telle façon que, si le gouvernement français accordait les passeports, il serait tenu pour responsable de ce qui se passerait à Stockholm. Aussi le Conseil des ministres décida-t-il à l'unanimité que les passeports seraient refusés. Je l'annonçai à la Chambre des députés le 1er juin, et une très forte majorité approuva mes déclarations. On demanda même que mon discours fût affiché ; je m'y opposai, en disant que cet honneur devait être réservé, pendant la guerre, aux discours sur lesquels se ferait l'union de tous les partis.

Si nous avions accueilli la demande des socialistes, quel n'eût pas été l'effet sur l'esprit de l'armée ! Nous étions en pleine crise morale, et l'annonce seule d'une conférence où Allemands, Anglais, Français et Russes se rencontreraient pour discuter des conditions de la paix suffirait à faire naître les plus dangereuses illusions. C'est ce que je priai notre ambassadeur à Londres d'expliquer confidentiellement au gouvernement britannique. Celui-ci comprenait et, au fond, approuvait notre décision ; mais il lui était difficile de revenir sur la promesse qu'il avait faite de délivrer des passeports aux délégués de la majorité socialiste et à M. Mac Donald, qui représentait l'opinion de la minorité.

Je dus calmer l'émotion de M. Albert Thomas et le prier d'expliquer au gouvernement russe que la décision prise ne changeait en rien notre résolution de nous mettre d'accord avec lui sur les directions générales que j'avais indiquées dans mon discours du 22 mai. M. Kerenski se montra irrité ; au contraire le ministre des affaires étrangères, M. Terestchenko, comprit les motifs de notre attitude et nous fit entendre qu'il ne la désapprouvait pas.

L'affaire n'était pas enterrée. Les soviets prirent l'initiative d'une nouvelle convocation qui fut transmise par le gouvernement de Pétrograd. Au commencement d'août, des délégués de ces soviets vinrent à Paris et eurent avec la commission administrative du parti une conversation à laquelle assista M. Henderson, membre du Cabinet britannique. M. Lloyd George, questionné à ce sujet, refusa de blâmer son collègue. Mais le comité des *Trades Unions*, à une énorme majorité (1.846.000 voix contre 550.000), décida, après avoir entendu M. Henderson, d'accepter l'invitation des soviets à la conférence de Stockholm. M. Lloyd George demanda à M. Henderson sa démission, en lui reprochant de n'avoir pas communiqué à ses collègues un télégramme qu'il avait reçu de

Pétrograd et d'où il résultait que le gouvernement russe, tout en laissant pleine liberté à la conférence, entendait réserver la sienne. Les jurisconsultes de la Couronne, qu'on consulte dans les cas épineux, émirent l'avis que la loi anglaise ne permettait pas, en temps de guerre, des conversations entre sujets britanniques et sujets ennemis. Que ne s'en était-on souvenu plus tôt !... Le gouvernement décida donc que les passeports ne seraient pas accordés. Le parti ouvrier ne protesta qu'à une très faible majorité (1.234.000 voix contre 1.231.000) et M. Barnes, qui avait accepté de succéder dans le Cabinet à M. Henderson, put rester à son poste. Une réunion, qui se tint à Londres, de socialistes des pays de l'Entente, ne put aboutir à préciser la pensée des divers partis. On eut partout l'impression que l'aventure de Stockholm s'achevait dans un véritable aveu d'impuissance.

Si je vous ai donné tous ces détails rétrospectifs, c'est pour que vous puissiez vous rendre compte des difficultés que les gouvernements alliés avaient à marcher d'accord, obligés qu'ils étaient de tenir compte de l'état de l'opinion dans leurs pays respectifs. M. Lloyd George était surtout préoccupé de ne pas se brouiller avec le parti des travailleurs et de garder un contact étroit avec les socialistes. Nous y tenions

aussi ; mais chez nous, l'opinion publique, moins
patiente qu'en Angleterre, nous aurait pardonné
plus malaisément toute hésitation devant la
prétention des socialistes d'usurper le rôle
des gouvernements en essayant de tracer, dans
une réunion tenue avec des représentants de
l'Allemagne et de l'Autriche, les conditions de la
paix dont ils réclamaient la conclusion.

LETTRE XXIX

APRÈS vous avoir mis au courant de toute
cette intrigue de Stockholm dont les
véritables meneurs étaient à Berlin et à
Vienne, je serai plus à l'aise pour vous parler de
la tentative que, dans le même temps, l'empereur d'Autriche faisait auprès de nous pour
arriver à la paix et tout d'abord à nous séparer
de l'Italie.

L'empereur Charles Ier n'avait pas la responsabilité de la guerre. Marié à une princesse de
sang français, il pouvait faire appel aux sympa-

thies que la France avait gardées pour l'Autriche
après 1870 et qui survivaient même à l'agression
de 1914 contre la Serbie. Ces sympathies étaient
fortifiées dans beaucoup d'esprits par la con-
viction que l'Autriche-Hongrie, après la guerre,
pourrait servir de contrepoids aux tendances
impérialistes de l'empire allemand. Si l'empereur
François-Joseph n'avait pas su tenir le rôle
qu'il aurait dû jouer vis-à-vis de l'Allemagne,
s'il n'avait pas su réconcilier entre elles les populations de son empire, si, au lieu de chercher le
salut de sa dynastie dans une politique d'union
à l'intérieur et d'indépendance à l'extérieur,
il s'était fait le complice de l'oppression des
éléments slaves au profit des éléments germaniques
en même temps que le vassal de l'Allemagne,
son successeur ne pourrait-il pas, après une si
dure expérience, instaurer enfin cette politique
d'équilibre européen si nécessaire à la conser-
vation de la paix future ?

C'est ce que nous nous sommes demandé dans
nos entretiens à Londres, pendant la guerre,
avec M. Lloyd George et avec M. Balfour. N'est-
ce pas aussi ce que pensait le président Wilson
à la veille du jour où les États-Unis allaient
entrer dans la guerre ? Les dépêches que j'ai
lues ne m'ont laissé à cet égard aucun doute.

Il est donc certain qu'en 1917, l'opinion des

gouvernements alliés était plutôt favorable à l'idée de maintenir un empire d'Autriche-Hongrie. Le jeune empereur qui venait de monter sur le trône des Habsbourg pouvait, avec de la décision et en jouant franc jeu avec les Alliés, profiter de ces dispositions. Il avait de la bonne volonté, mais il n'était pas de taille à dominer une situation aussi difficile que la sienne. Comment se dégager de l'Allemagne qui s'appliquait de plus en plus à mêler ses propres troupes aux troupes de son alliée pour rendre plus malaisée toute action indépendante de l'Autriche-Hongrie ? Quelle volonté, quelle confiance en lui-même n'aurait-il pas fallu au successeur de François-Joseph pour jouer une telle partie ! Aurait-il été sûr de la fidélité des populations allemandes et de la soumission des populations slaves, aux yeux de qui cette guerre faisait luire l'espérance d'un entier affranchissement ? Et puis, eût-il trouvé un ministre qui prît avec lui la responsabilité d'une évolution si pleine de conséquences périlleuses ? Le comte Czernin n'était pas l'homme sur qui il pût compter pour l'aider à mener à bien l'entreprise. S'il a connu la tentative que l'empereur Charles a faite auprès de la France et de la Grande-Bretagne au printemps de 1917, il ne l'a certainement pas approuvée, et on peut croire, d'après ses propres aveux, qu'il était quant à lui décidé à ne pas se séparer de l'Allemagne et à tout faire, au besoin, pour contrecarrer la politique personnelle de son souverain. J'ai toujours cru que l'empereur d'Autriche avait été sincère dans la déclaration qu'il a chargé son beau-frère, le prince Sixte, de nous faire : qu'en engageant avec nous des pourparlers de paix il agissait de son propre chef, sans s'être mis d'accord au préalable avec l'empereur d'Allemagne. Je ne jurerais pas toutefois que Guillaume II n'ait pas eu quelque soupçon des projets de son allié et qu'il n'ait pas eu la curiosité de voir ce qui pourrait sortir d'une conversation secrète entre Charles Ier et le président de la République française.

C'est, en effet, au président de la République seul que devaient être faites les premières ouvertures. Le prince Sixte n'ayant pu servir, comme il l'avait souhaité, en France était officier dans l'armée belge. Il venait souvent à Paris et, au commencement de 1917, il avait été mis en relation personnelle avec M. Jules Cambon, secrétaire général du ministère des affaires étrangères. M. Briand n'a connu qu'imparfaitement ces premières conversations. Il n'y a pas d'ailleurs attaché, comme il me l'a dit lui-même, une véritable importance. Sa pensée était qu'on n'arriverait à rien du côté de l'Autriche, et que c'est avec Berlin qu'il faudrait causer, le jour où on serait disposé à faire la paix.

Le président de la République avait, au contraire, pris au sérieux les premières démarches du prince Sixte, et lui avait accordé une ou plusieurs entrevues secrètes, avant mon arrivée à la présidence du Conseil. M. Raymond Poincaré avait trop le souci des règles constitutionnelles pour n'avoir pas expliqué, dès l'abord, au jeune prince qu'il ne pouvait accepter la condition de ne pas mettre le président du Conseil au courant de toutes les conversations. Le prince consentit que le secret fût partagé avec le président du Conseil, mais avec lui seul, à l'exclusion des autres ministres. Le roi d'Angleterre devait, ainsi que le premier ministre, M. Lloyd George, être mis aussi dans le secret, après s'être engagés à le garder pour eux seuls. De fait, aucun des membres du Cabinet anglais, pas même le ministre des affaires étrangères, M. Balfour, n'a connu, à l'époque où ils ont eu lieu, ces premiers pourparlers.

Un président du Conseil peut-il prendre un engagement tel que celui qu'on nous a demandé ? La question est délicate. Mais que n'eût-on pas dit si, par scrupule constitutionnel, nous avions refusé, M. Lloyd George et moi, de prêter l'oreille aux confidences qu'on demandait à nous faire ?

Le prince Sixte fut reçu le 31 mars à l'Élysée par le président de la République. Je m'excusai de ne pouvoir assister à cet entretien et je priai M. Jules Cambon de m'y représenter. M. Poincaré voulut bien m'écrire après la conférence pour me mettre au courant de ce qui s'y était passé. Le prince donna communication et laissa copie d'une lettre qui lui avait été adressée par l'empereur Charles. Cette lettre a été publiée et vous n'en avez pas oublié les termes. L'empereur priait son beau-frère de faire savoir secrètement à M. Poincaré « qu'il appuierait par tous les moyens et en usant de toute son influence personnelle auprès de ses alliés les justes revendications françaises relatives à l'Alsace-Lorraine. »

Quant à la Belgique, elle devait être rétablie entièrement dans sa souveraineté et garder l'ensemble de ses possessions africaines, sans préjudice des dédommagements qu'elle aurait à recevoir pour les pertes qu'elle avait subies.

La Serbie retrouverait également sa souveraineté ; on lui promettait un accès à la mer Adriatique et de larges concessions économiques, à condition qu'elle prendrait, sous la garantie des Puissances, l'engagement de ne plus favoriser l'action des sociétés qui travaillaient à désagréger la monarchie.

Les événements de Russie obligeaient l'em-

pereur à réserver ses idées jusqu'à ce qu'un gouvernement légal y fût établi. Le prince Sixte se
croyait d'ailleurs autorisé à expliquer que l'empereur ne ferait pas d'objection aux visées de la
Russie sur Constantinople, non plus qu'aux
prétentions coloniales de l'Angleterre.

Il y avait une lacune volontaire dans la lettre
de l'empereur. Pas un mot n'y était dit qui
concernât l'Italie. C'est ce que M. Poincaré fit
aussitôt remarquer au prince Sixte... Le silence
de l'empereur ne s'expliquait que trop par la
déclaration contenue dans la lettre, que tous les
peuples de la monarchie étaient fermement unis
pour maintenir, au prix des plus grands sacrifices,
l'intégrité de l'empire. Il y avait un parti-pris
de laisser l'Italie en dehors de la négociation
qu'on nous offrait.

Devions-nous accepter, dans ces conditions,
de pousser plus loin la conversation ? Je crus
que je ne pouvais prendre aucun parti sans
m'être concerté avec M. Lloyd George. Je le
rencontrai le 11 avril à Folkestone, où je lui
avais donné rendez-vous.

LETTRE XXX

EN arrivant à Folkestone, je trouvai M. Lloyd George qui m'attendait sur le quai. Je le pris par le bras, et tout en marchant sous la pluie qui tombait, je lui dis : « Vous ne savez pas ce qui m'amène ? — Non, me répondit-il. — Eh bien, je vous apporte une lettre de l'empereur d'Autriche. » M. Lloyd George, comme je m'y attendais, prit immédiatement feu. « C'est la paix, me dit-il. — N'allons pas trop vite, répliquai-je ; et commençons par lire ensemble cette lettre de l'empereur. »

Dans une chambre de l'hôtel voisin, je lui traduisis en anglais la fameuse lettre. Après quelques instants de réflexion, M. Lloyd George fut d'avis qu'il fallait voir sans perdre de temps M. Sonnino. « Je connais Sonnino, me dit-il. Il comprendra qu'il est de l'intérêt de l'Italie de renoncer s'il le faut à Trieste, et d'accepter en compensation Smyrne que nous sommes décidés à lui abandonner. S'il est gêné par l'arrangement de 1915 qu'il a conclu avec nous au sujet de l'Adriatique, il a trop de patriotisme pour ne pas s'effacer et ne pas céder son portefeuille... Nous marchons à la paix. »

Je ne me flattais pas de connaître M. Sonnino aussi bien que M. Lloyd George, mais j'avais des doutes sur la réponse que ferait à une telle proposition le ministre des affaires étrangères d'Italie. Sur l'insistance de M. Lloyd George je me rangeai à sa proposition de voir M. Sonnino. Nous n'étions pas autorisés à le mettre dans le secret de la lettre de l'empereur. Mais le prince Sixte prit sur lui d'accepter que nous fissions une allusion discrète à des pourparlers qui pourraient s'engager avec l'Autriche, afin de nous assurer que M. Sonnino ne se montrerait pas, le cas échéant, trop intransigeant. C'est dans ces conditions que se tint le 19 avril la conférence de Saint-Jean-de-Maurienne dont on a tant parlé.

Il s'en fallut de peu que cette conférence ne fût ajournée. Après nous avoir fait communiquer sa lettre au prince Sixte, l'empereur d'Autriche avait, en effet, adressé à la Russie une proposition de paix séparée, et, dans sa déclaration publique, il insistait sur le parfait accord de l'Autriche avec ses alliés. Comme me l'écrivait le 16 avril le président de la République, la nouvelle démarche avait été concertée entre Vienne et Berlin. « C'est assez, disait M. Poincaré, pour rendre la première suspecte et pour justifier la défiance qu'elle nous avait tout d'abord inspirée. C'est assez, en tout cas, pour qu'il paraisse maintenant impossible d'envisager sérieusement l'éventualité où l'Autriche traiterait en dehors de l'Allemagne.

« Le manifeste du gouvernement provisoire russe était très périlleux, parce qu'il pouvait être considéré en Autriche et en Allemagne comme une incitation à la paix immédiate. L'Autriche l'interprète ainsi. Elle travaille donc — pour elle et pour l'Allemagne — à une paix blanche qui équivaudrait à une défaite et qui préparerait une nouvelle guerre pour l'avenir.

« Je crois que, dans ces conditions, notre effort exclusif doit consister en ce moment à éclairer le gouvernement et l'opinion russes sur le péril mortel de ces combinaisons austro-allemandes.

« Nous sommes parfaitement autorisés à dire au prince Sixte qu'il y a un fait nouveau qui modifie tout. Je serais bien étonné que la publication autrichienne, qui souligne si nettement l'entente, contrainte ou spontanée, des deux empereurs, ne changeât point les dispositions de Lloyd George... »

Cette lettre si pleine de force de M. Poincaré ne nous a pas empêchés, M. Lloyd George et moi, de nous rendre à Saint-Jean-de-Maurienne comme il était convenu. M. Sonnino y vint avec le président du Conseil italien, M. Boselli. J'avais prié notre ambassadeur à Rome, M. Barrère, de s'y rendre également. L'entrevue eut lieu dans le wagon qui nous avait amenés, M. Lloyd George et moi, de Paris. J'ai appris, plus tard, qu'en traversant Paris, le premier ministre de Grande-Bretagne avait eu un entretien avec le prince Sixte. Après mon retour à Paris, j'ai su également que M. Boselli et M. Sonnino avaient été, à la suite d'une indiscrétion d'un de mes collègues du Cabinet, informés par l'ambassadeur italien à Paris de notre intention d'abandonner éventuellement Smyrne à l'Italie.

On comprend que, dans ces conditions, M. Sonnino se soit empressé de mettre tout de suite la conversation sur les compensations que l'Italie avait droit de réclamer pour n'avoir pas été invitée à participer aux accords de 1916 relatifs à l'Asie-Mineure. C'était un grief de l'Italie qu'on eût signé ces accords entre l'Angleterre, la France et la Russie, et en dehors d'elle, bien qu'elle fît à cette époque partie de l'Entente. On s'excusait de ne pas l'avoir convoquée en objectant qu'elle n'avait pas, au moment où l'arrangement fut signé, déclaré la guerre à l'Allemagne comme elle s'y était engagée. Mauvaise raison : car si l'Italie ne tenait pas ses engagements, nous devions les lui rappeler et ne pas la tenir dans l'ignorance de ce que nous faisions en Asie.

L'Italie réclamait Smyrne avec insistance, et, comme je l'ai dit, M. Lloyd George avait décidé de lui donner satisfaction. Il eût été délicat pour nous d'élever une objection. L'Italie pardonne moins facilement à la France qu'à l'Angleterre de se mettre en travers de ses ambitions. M. Sonnino, sachant qu'il avait d'avance partie gagnée pour Smyrne, n'eut pas d'effort à faire pour nous amener à le lui confirmer. En effet, M. Lloyd George tira de son portefeuille une petite carte où les officiers de son cabinet avaient marqué les limites de la zone d'occupation et de la zone d'influence que l'Angleterre était prête à reconnaître à l'Italie. J'étais un peu embarrassé, car cette carte ne m'avait pas été communiquée. M. Lloyd George le fut à son tour, quand M. Sonnino tira lui aussi de son portefeuille une autre carte qui venait du *Foreign Office* et qui, sans donner Smyrne à l'Italie, lui accordait sur certains points des avantages que ne concédait pas la carte de M. Lloyd George. « Je prends, dit M. Sonnino, des deux cartes, ce qui dans chacune d'elles est favorable à mon pays. » Encore demanda-t-il qu'on étendît le cercle qui avait été tracé autour de la ville de Smyrne. Je n'intervins dans ce débat que pour m'opposer à ce que Mersina, qui nous avait été attribuée par la convention de 1916, fût comprise dans la zone italienne, et M. Sonnino voulut bien ne pas insister.

On s'expliqua ensuite sur la situation de la Grèce. J'y viendrai quand je vous raconterai comment nous avons obtenu de l'Angleterre qu'elle consentît à la déposition du roi Constantin, et de l'Italie qu'elle s'en rapportât, en cette affaire, à ce que la France et l'Angleterre décideraient d'accord entre elles.

Il y eut l'après-midi une discussion très vive, parce que M. Boselli et M. Sonnino, ne se croyant pas sûrs de pouvoir occuper Smyrne, voulaient qu'on garantît à l'Italie une compensation dans le cas où ses ambitions ne se réaliseraient pas en Asie-Mineure conformément à ce qui venait d'être entendu. Où prendrait-on cette compensation ? Après un assez long débat, on s'entendit sur une formule diplomatique qui ne précisait pas quel dédommagement pourrait être accordé à l'Italie, et où on se bornait à dire que si l'une des Puissances intéressées n'obtenait pas la zone qui lui était assignée, il y aurait lieu à une nou-

velle conversation entre les intéressés pour arriver
à un règlement équitable.

Que devenait, au milieu de tout cela, la lettre
de l'empereur d'Autriche ? Nous étions allés
à Saint-Jean-de-Maurienne pour offrir Smyrne
à M. Sonnino en dédommagement de l'abandon
de Trieste, et nous avions perdu notre temps à
batailler à l'occasion de Smyrne, sans avoir
abordé la question que M. Lloyd George avait
tant à cœur d'éclaircir... Comme M. Lloyd
George ne disait rien, j'interrogeai moi-même
M. Sonnino sur l'attitude que nous aurions à
prendre dans le cas où l'Autriche nous ferait
des propositions de paix. J'avais eu à peine le
temps de poser la question que M. Sonnino, de
son ton le plus tranchant, déclara que demander
de rien abandonner de ce qui avait été accordé à
l'Italie par la convention de Londres de 1915,
c'était lui demander, à lui, de donner sa démission,
et au roi d'abdiquer. « Nous avons, dit-il avec
force, engagé l'Italie dans la guerre, alors qu'elle
eût pu, en gardant la neutralité, obtenir une
partie de ce qui lui a été promis à Londres.
On ne nous pardonnerait pas de rien sacrifier
de ce qui nous a été garanti. » Cela fut dit sur
un ton et avec une émotion qui ne nous permettaient pas d'insister. M. Lloyd George garda
le silence... Je crus qu'il convenait qu'il y eût

une trace écrite de cette conversation, si on peut appeler cela une conversation. Mes collègues me prièrent de rédiger une note qu'ils acceptèrent, et où il était dit qu'en prévision d'ouvertures qui pourraient être faites par l'Autriche-Hongrie, nous étions d'accord pour considérer qu'une conversation serait, quant à présent, inopportune parce qu'elle risquerait d'affaiblir l'union plus que jamais nécessaire entre l'Angleterre, la France et l'Italie.

Songez que, pendant que nous étions en route pour Saint-Jean-de-Maurienne, nous attendions avec anxiété les suites de l'offensive du 16 avril. Était-ce le moment de courir les risques d'un refroidissement avec l'Italie et de donner à la Russie un prétexte de se retirer de la guerre ?

J'eus soin, à mon retour à Paris, de faire expliquer à M. Milioukof, ministre des affaires étrangères de Russie, que nous regrettions de n'avoir pu l'associer à la conversation qui avait eu lieu à Saint-Jean-de-Maurienne, que nous avions réservé l'avis de la Russie et que rien de définitif ne serait fait que d'accord avec elle. M. Milioukof laissa voir quelque mauvaise humeur et, comme je m'y attendais, se montra peu favorable à l'abandon de Smyrne à l'Italie. Quand il devint évident que la Russie ne donnerait pas son assentiment, M. Sonnino insista

pour que nous fissions à Londres, en août 1917,
en dehors de la Russie, un accord à trois relatif
à Smyrne. Je n'y ai pas consenti. La question
de Smyrne est restée en l'air, jusqu'au jour où,
par un revirement encore mal expliqué, M. Sonnino a en quelque sorte remis Smyrne aux mains
de l'Angleterre qui s'est empressée, d'accord
avec la France, d'en faire don à la Grèce en la
personne de M. Venizélos. Toute cette histoire
est, vous en conviendrez, assez singulière.

Qu'est-il resté de la conférence de Saint-Jean-
de-Maurienne ? Rien, si ce n'est la déclaration
de M. Sonnino qu'il s'en remettait à l'Angleterre
et à la France de décider du sort du roi de Grèce
Constantin. J'ai eu soin de protester quand, au
lendemain de la réunion du 19 avril, M. Sonnino
a essayé, dans une conversation avec M. Barrère,
de lier la question grecque et la question de
Smyrne. M. Sonnino n'a d'ailleurs pas insisté

Mais quelle suite a été donnée aux pourparlers
engagés par le prince Sixte ? Je me réserve de
vous le dire dans une prochaine lettre.

LETTRE XXXI

DÈS mon retour à Paris, je chargeai M. Jules Cambon de voir le prince Sixte. Il s'acquitta de sa mission en toute franchise. « Aucune proposition de paix, dit-il au prince, ne peut être envisagée avec l'Autriche sans tenir compte des vues du gouvernement italien. Or, les propositions qui ont été portées à notre connaissance passaient absolument sous silence les revendications italiennes. D'autre part, il résulte des conversations échangées à Saint-Jean-de-Maurienne que le gouvernement italien n'est pas disposé à abandonner aucune des conditions qu'il avait mises à son entrée en guerre. En cet état de choses, il n'y a pas lieu d'engager une conversation qui ne pourrait aboutir qu'à un échec certain. Si, à un moment donné et dans de nouvelles circonstances, le gouvernement autrichien estimait que de nouveaux efforts peuvent être faits en vue d'une paix séparée, il y aurait lieu pour lui de tenir compte des aspirations italiennes qui portent sur Trieste non moins que sur le Trentin » (note de M. Jules Cambon du 22 avril).

Le prince répondit qu'il transmettrait à l'empereur les résultats de sa mission. Je lui conseillerai, dit-il, de tenir compte de la sympathie que lui témoignent la France et l'Angleterre. « Je comprends combien est délicate la question italienne qui intervient. Je ne sais pas comment l'empereur peut la résoudre, en tenant compte de l'opinion et de la volonté de son pays. Là sera la grande difficulté » (note remise par le prince Sixte 22 avril).

Le 20 mai, nous reçûmes du prince, à l'Élysée, communication d'une nouvelle lettre de l'empereur. La France et l'Angleterre, disait cette lettre, ne veulent pas faire la paix sans que l'Italie y participe. Mais l'Italie vient de demander elle-même la paix à l'Autriche, en faisant savoir qu'elle se contenterait de l'abandon du Tyrol de langue italienne. Comment, dans ces conditions, n'arriverait-on pas à s'entendre ?

Je ne sais ce que le prince Sixte pensait lui-même de cette déclaration de son beau-frère. On ne s'étonnera pas qu'en en faisant part à M. Lloyd George, je me sois montré sceptique quant à une démarche aussi invraisemblable de la part de l'Italie (lettre du 12 mai). Au nom de qui et par quelle personne autorisée aurait-elle été faite ? M. Lloyd George ne croyait pas plus que moi à un tel abandon, tout à fait inexplicable soit de la part du roi, et encore plus de la part de M. Sonnino. Il pensait toutefois, — et j'étais de son avis, — que nous engagerions gravement notre responsabilité en ne continuant pas à chercher les possibilités que la lettre de l'empereur nous ouvrait de diviser les Puissances centrales (lettre du 14 mai). J'engageai le prince à se rendre à Londres. Dans la lettre que j'écrivis à M. Lloyd George pour annoncer son départ (20 mai), je disais que nous devions avoir le cœur net des intentions de l'Italie, et je suggérai l'idée d'inviter le roi Victor-Emmanuel à venir en France, en même temps que le roi d'Angleterre, pour visiter nos armées. M. Sonnino et M. Lloyd George accompagneraient les souverains et nous pourrions avoir une conversation qui serait décisive. M. Lloyd George me pressa (23 mai) de donner suite à mon idée. Je le fis aussitôt ; mais M. Sonnino, qui ne se souciait pas de reprendre l'entretien de Saint-Jean-de-Maurienne, trouva un prétexte pour ajourner la visite projetée.

Le prince, à son retour de Londres, nous fit part des conversations qu'il avait eues avec M. Lloyd George et avec le roi. Nous en étions au même point qu'à son départ de Paris. M. Lloyd

George écartait l'idée d'un voyage à Udine du
roi d'Angleterre dans le cas où le roi d'Italie ne
viendrait pas en France. On ne pouvait, pour le
moment, de l'avis de M. Lloyd George, que
garder le contact personnel avec le jeune prince.

En faisant à M. William Martin qui lui servait
d'intermédiaire avec l'Élysée, le récit de ses conversations avec le roi d'Angleterre et M. Lloyd
George, le prince Sixte lui dit qu'il avait communiqué au premier ministre la lettre de l'empereur
d'Autriche du 9 mai ainsi que la note du comte
Czernin (note de M. William Martin du 16 juin).
Qu'était cette note du ministre des affaires
étrangères d'Autriche-Hongrie ? Est-ce que le
comte Czernin aurait pris sous sa responsabilité
la démarche de l'empereur ? Est-ce que l'affaire
ne serait pas ainsi devenue une affaire du gouvernement austro-hongrois, au lieu de rester un
acte personnel du souverain ? On l'a prétendu.
Le malheur est que cette note, personne ne l'a
vue. M. Lloyd George, interrogé à ce sujet par
mon successeur, M. Stephen Pichon, a déclaré
de la manière la plus catégorique que le prince
Sixte ne lui avait remis aucune note du comte
Czernin. J'ai fait, pour ma part, la même déclaration à la commission des affaires étrangères
du Sénat. M. le président Poincaré n'est pas
moins affirmatif en ce qui le concerne. En serait-il

de cette note comme de la démarche qu'aurait
fait faire le roi d'Italie pour demander la paix à
l'empereur ? Le comte Czernin, qui affirme
aujourd'hui n'avoir pas connu les propositions
de paix séparée faites à la France et à l'Angleterre, et qui n'hésite pas à traiter de mensongères
les déclarations contraires de son souverain, a-t-il
pu charger le prince Sixte de remettre une note
à M. Lloyd George ? Je ne suis pas en mesure,
vous le comprendrez, d'éclaircir ce mystère. Il
pourra piquer la curiosité de ceux qui aiment à
deviner ces sortes d'énigmes.

Quoiqu'il en soit, les choses en restèrent là jusqu'à l'arrivée à Paris de MM. Lloyd George et
Sonnino, pour conférer sur la situation militaire
dans les Balkans (25 juillet). J'eus un entretien
particulier avec M. Lloyd George. Il fut entendu
que nous nous expliquerions franchement avec
M. Sonnino. Nous ne pouvions garder avec lui
plus longtemps le secret. Je mis donc M. Sonnino
au courant des démarches dont nous avions été
l'objet, et de celle qu'aurait faite récemment
l'Italie pour obtenir, à notre insu, une paix
séparée. M. Sonnino me remercia très vivement.
Il protesta avec énergie contre le rôle qu'on
prêtait au roi et à lui-même. Dans la conversation
à trois que nous eûmes ensuite, M. Lloyd George
convint que, pour le moment, il n'y avait rien à

faire. Le langage que tenait publiquement, dès cette époque, le comte Czernin ne nous aurait pas permis, l'eussions-nous voulu, de continuer la conversation avec l'empereur. Toutefois, M. Lloyd George se réservait de la reprendre le jour où l'impuissance reconnue et peut-être la défection de la Russie nous en feraient une nécessité. Mais ce jour-là, loin de se prêter à un rapprochement avec la France et l'Angleterre, le comte Czernin jeta le masque. Il déclara que la question d'Alsace-Lorraine intéressait l'Autriche au même titre que l'Allemagne. Strasbourg était le pendant de Trieste. — Le sort en était jeté ; l'Autriche-Hongrie qui aurait pu se sauver en faisant, quand il en était temps encore, le sacrifice de Trieste, était désormais vouée à une dislocation qui n'était dans les vœux d'aucun des Alliés.

Mais comment aurions-nous pu faire fond sur ce jeune empereur aussi incapable de tenir sa parole, — ce qui s'est passé entre lui et M. Clemenceau l'a montré avec un triste éclat, — que de s'affranchir de la tutelle de Czernin et de celle de l'empereur d'Allemagne ? Le prince Sixte nous a toujours affirmé que l'empereur s'était mis d'accord avec le comte Czernin sur la tentative qu'il a faite auprès de nous. Le comte Czernin oppose un démenti brutal à cette affirmation. Ce n'est pas à nous d'intervenir dans ce démêlé plus qu'attristant entre l'empereur et son ancien ministre. S'il est quelqu'un qui ait une foi assez robuste en lui-même pour dire qu'il aurait su, à la place de M. Lloyd George et à la mienne, tirer un meilleur parti des velléités de paix séparée de Charles Ier, j'admirerai son courage plus que sa clairvoyance. Il y a des contradictions que des hommes de gouvernement, responsables devant leur pays, ne se flattent pas de pouvoir résoudre aussi aisément que font des publicistes. L'histoire dira si nous avons eu tort d'être fidèles envers l'Italie ; si la France en particulier n'eût pas été inexcusable d'y manquer et n'aurait pas justifié d'avance l'inimitié mortelle dont elle eût été l'objet de la part de son alliée. Ni l'honneur, ni les intérêts mêmes de notre politique ne nous eussent permis de nous conduire autrement que nous n'avons fait.

Mais pourquoi s'en est-on pris au seul ministre des affaires étrangères de France, alors qu'il n'a rien fait que d'accord avec M. Lloyd George ? N'est-ce pas que, dans certains milieux français en relation avec le Vatican, on prend moins facilement qu'en Angleterre son parti du suicide de l'Autriche-Hongrie et qu'on est trop porté à en rendre responsable le gouvernement français ? — comme si, en essayant d'arracher à son destin cet empire déjà frappé à mort par sa faute, au risque de perdre l'amitié de l'Italie, le gouvernement français n'eût pas manqué à ses devoirs envers la France !

On sait quelles tentatives M. Painlevé, ministre de la guerre dans mon Cabinet, et ensuite M. Clemenceau ont autorisé le comte Armand à faire en Suisse auprès du comte Revertera, pour s'assurer des dispositions de l'empereur et de la possibilité d'engager des négociations en vue d'une paix séparée. Le Deuxième Bureau du ministère de la guerre avait la prétention de faire de la diplomatie ou, si l'on veut, de préparer les voies à la diplomatie du quai d'Orsay. Le comte Armand a eu l'imprudence d'indiquer à quelles conditions la France pourrait faire la paix avec l'Autriche-Hongrie. Il est sorti des instructions de M. Painlevé qui lui avait prescrit d'écouter et de ne rien proposer. Mais M. Painlevé a eu tort, de son côté, d'autoriser une pareille tentative sans avoir demandé l'assentiment du président du Conseil et le tort, non moins grave, d'en entretenir M. Lloyd George, à mon insu, au cours du dernier voyage que nous avons fait à Londres en août 1917. Ces tentatives ont eu, du moins, l'avantage de faire apparaître encore plus l'impossibilité d'arriver avec l'empereur d'Autriche à une entente qui ne fût pas l'abandon de notre alliée latine.

J'ai été appelé, après mon départ du ministère, à rendre compte de mes actes à la commission des affaires étrangères de la Chambre des députés, et plus tard à la commission du Sénat, dont je faisais partie. Chacune des deux commissions a déclaré qu'à son avis le gouvernement avait fait son devoir et qu'il était impossible en 1917 d'arriver à une paix honorable avec l'Autriche-Hongrie. Cela n'a pas mis fin aux polémiques ; mais que deviendrait le monde s'il cessait d'être livré, suivant le mot de l'Écriture, aux disputes des hommes ?

LETTRE XXXII

EN même temps que l'Autriche-Hongrie frappait à notre porte, l'Allemagne faisait à la dérobée une tentative pour sonder nos intentions.

A peine avais-je cédé la présidence du Conseil à M. Painlevé, en conservant le portefeuille des affaires étrangères, que M. Briand crut le moment venu de nous faire une singulière confidence. Il était entré — par l'intermédiaire d'abord de la comtesse de Mérode, puis du baron Coppée, grand propriétaire de mines de charbon en Belgique — en relation indirecte avec le baron de Lancken, naguère conseiller de l'ambassade allemande à Paris, en ce moment haut commissaire civil en Belgique. Ce baron de Lancken avait laissé à Paris de mauvais souvenirs par les intrigues auxquelles il avait été mêlé, notamment à propos de l'affaire d'Agadir et de la cession à l'Allemagne d'une partie du Congo français. En Belgique, la pire réputation. C'est lui qui avait fait exécuter miss Cavell. Les confidences qu'il avait faites à M. Franqui et dont nous avions eu l'écho, ne laissaient aucun doute sur les sentiments dont il était animé à l'égard de la France.

M. Franqui était banquier à Bruxelles et venait quelquefois au Havre, avec la permission des Allemands, pour s'occuper du ravitaillement de la Belgique. Au cours d'un de ces voyages, en mai ou juin 1917, il rapporta une conversation qu'il avait eue avec M. de Lancken. Celui-ci lui dit que l'Allemagne était convaincue, à l'heure actuelle, qu'elle ne pourrait pas obtenir la victoire par des moyens militaires ; elle était tellement fatiguée qu'elle avait besoin de la paix avant la fin de l'année. « Pour y parvenir, elle aura recours à la révolution... Elle a déjà réussi en Russie. Elle agira de même en France, en se servant des socialistes, des anarchistes et des financiers ; elle poussera à l'indiscipline dans l'armée, à la défiance des chefs ; et chez les civils elle exaltera la nervosité et l'impatience. On espère faire quelque chose comme un soviet qui renversera le gouvernement, le président de la République et les Chambres, et amènera au pouvoir soit par la voie des élections, soit autrement, des pacifistes qui feront la paix. Au reste, cette agitation se produira partout, même en Espagne » (note de M. Jules Cambon qui rapporte une conversation qu'il a eue avec le ministre de Belgique en France le 17 juillet 1917). A d'autres interlocuteurs, M. de Lancken disait avec la même désinvolture : « Nous ne comptons plus sur le front, mais sur les arrières. Nous ferons réclamer chez les Alliés, par leurs propres ressortissants, la paix sans annexion ni indemnité ; et grâce à la fatigue générale, cela prendra non seulement en Russie, mais ailleurs. Cinq cents Lénine nous coûtent moins cher qu'une journée de guerre... D'ici l'automne, nous aurons semé la division dans tous les pays. »

S'il y avait un homme dont on dût se défier, c'était assurément M. de Lancken. Comment

M. Briand s'était-il laissé aller à penser qu'en s'abouchant en Suisse avec lui il arriverait à poser les bases d'un accord en vue de la paix ? Cet accord n'était possible, M. Briand s'en rendait compte, que si l'Allemagne était disposée à nous restituer l'Alsace et la Lorraine. Le baron Coppée et son fils avaient persuadé à M. Briand que M. de Lancken, interprète des pensées les plus secrètes de l'empereur, ferait à cet égard des concessions inattendues. Quelles précisions M. Coppée avait-il données à M. Briand ? Je n'en ai rien su : car lorsque j'ai demandé à mon prédécesseur de résumer dans une note les indications que M. Coppée avait pu tirer de ses conversations avec M. de Lancken, M. Briand, après m'avoir promis l'envoi de cette note, s'est dérobé en me remettant une lettre où il exposait sur quelles bases, dans sa pensée, on pouvait faire une paix honorable avec l'Allemagne. Il ne s'agissait pas de savoir quelle paix pouvait envisager M. Briand, mais quelles garanties il avait pu obtenir de M. de Lancken avant d'accepter un rendez-vous en Suisse qui devait être pour lui et aussi pour nous, si nous l'autorisions, des plus compromettants. M. Louis Barthou, qui m'a succédé au ministère des affaires étrangères, n'a pas été plus heureux que moi. Il a interrogé M. Coppée en présence de M. Briand, et il n'a

rien pu en tirer que des paroles tout à fait vagues
ou inquiétantes. M. Coppée a dû avouer que
c'était lui qui avait parlé de l'Alsace et de la
Lorraine à M. de Lancken, et que celui-ci
n'avait pas exclu ces deux provinces de la conversation qu'il aurait avec M. Briand, mais sans
prendre aucun engagement d'aucune sorte. L'idée
personnelle de M. Coppée était qu'on pourrait
s'entendre pour laisser l'Alsace et la Lorraine
à l'Allemagne, à condition de les neutraliser par
le démantèlement de Metz et de Strasbourg.
C'est sur de telles garanties que M. Briand se
serait rendu en Suisse, où son arrivée et celle
de M. de Lancken auraient été aussitôt connues.
Quel parti M. de Lancken n'aurait-il pas tiré de
ce voyage ! La presse allemande n'aurait pas
manqué de dire que la France était prête à faire
la paix et qu'il fallait qu'elle en eût un besoin
pressant, pour qu'un ancien président du Conseil
se prêtât à une telle démarche.

M. Briand était si flatté de l'honneur que lui
faisait le gouvernement allemand de s'adresser à
lui et il avait une si haute idée de son pouvoir
de séduction qu'il était prêt à risquer l'aventure.
Ce qui était grave et ce que nous avons su depuis,
par les papiers de M. de Lancken dérobés au
ministère des affaires étrangères de Berlin et
vendus par un socialiste au gouvernement de

M. Clemenceau, c'est que, d'après Mme de
Mérode, le projet d'entrevue en Suisse aurait
été arrêté dès le mois de juillet, pendant que
j'étais président du Conseil, et que M. Briand
ne m'en avait absolument rien dit. Ces rapports
de M. de Lancken à son gouvernement nous
apprennent comment l'intrigue s'est nouée et
poursuivie, même au temps du ministère de
M. Clemenceau. J'en ai eu connaissance par
M. Poincaré à qui M. Clemenceau les avait
apportés, sans dissimuler les sentiments que lui
inspiraient ces révélations, à l'égard de M. Briand,
son ennemi personnel d'hier et d'aujourd'hui.
J'avais droit, pensait M. Poincaré, à connaître
ces documents, puisqu'ils étaient ma justification
et aussi la sienne, car il m'avait toujours approuvé
dans la conduite que j'ai tenue en cette affaire.
J'y reviendrai plus tard. Ai-je besoin de dire
avec quelle inquiétude j'accueillis la confidence
de M. Briand et comment j'essayai tout de suite
de le mettre en garde contre le danger auquel il
s'exposait ? M. Briand expliquait qu'il avait
été mis en relation avec M. Coppée par M. de
Broqueville, président du ministère belge et,
en même temps, ministre des affaires étrangères.

Le rôle qu'a joué dans cette affaire M. de Broqueville est au moins singulier. Il était l'ami
personnel de MM. Coppée, et je ne doute pas

qu'il les ait recommandés à M. Briand comme
dignes de sa confiance. Jusqu'à quel point a-t-il
encouragé personnellement M. Briand à tenter
l'aventure d'une entrevue avec M. de Lancken ?
C'est ce qu'il est malaisé de savoir. M. de Broqueville m'a dit — et il a répété plus tard dans
une note dont il m'a fait donner lecture par le
ministre de Belgique à Paris — qu'il avait laissé
M. Briand suivre sa propre inspiration parce
qu'il n'a pas l'habitude de donner des conseils
à qui ne lui en demande pas. Je crois que
M. Briand dit la vérité quand il affirme que
M. de Broqueville l'a poussé à marcher de
l'avant. Mais M. de Broqueville n'a pas voulu
oublier qu'il n'était pas seulement l'ami de
MM. Coppée, qu'il était aussi ministre des
affaires étrangères de Belgique : et en cette
qualité il a tenu à notre ministre, M. Klobukowski,
le même langage que j'ai tenu à M. Briand.
« Je pense, a-t-il dit, que le gouvernement français est assez sur ses gardes pour ne pas tomber
dans le piège qui lui est tendu ... Mais revenons
à ma conversation avec M. Briand. Je lui ai dit,
en présence de M. Painlevé, qu'avant de lui
donner une réponse définitive, j'allais prendre
l'avis de M. Balfour et de M. Sonnino. J'étais
bien sûr de ce que l'un et l'autre penseraient
de la tentative de M. de Lancken. Mais je croyais

que leur avis, venant à l'appui du mien, aurait
peut-être raison des illusions de M. Briand. La
réponse fut telle que je l'attendais. M. Briand
s'est plaint que je n'eusse pas communiqué sa
lettre à M. Balfour et à M. Sonnino. Mais, comme
je l'ai déjà dit, ce que pensait M. Briand de la
paix à conclure avec l'Allemagne pouvait avoir
son intérêt, mais ne servait de rien pour nous
éclairer sur les intentions de M. de Lancken et
de son gouvernement. M. Briand s'était d'ailleurs
placé dans sa lettre uniquement au point de vue
de la France. Il n'y était pas dit un mot de ce
qu'on devrait réclamer de l'Allemagne pour
l'Angleterre, l'Italie, la Belgique, la Serbie, etc...
de sorte qu'en communiquant sa lettre au gouvernement anglais et au gouvernement italien
nous aurions paru n'avoir d'autre préoccupation
que d'arranger nos affaires personnelles, sans
nous soucier des intérêts de nos alliés.

M. Briand était si pressé de connaître la
réponse de MM. Balfour et Sonnino qu'il me
téléphonait plusieurs fois par jour. J'ai toutes
raisons de penser que si M. de Lancken n'était
pas encore arrivé en Suisse, il s'impatientait
d'être sans nouvelles et pressait M. Coppée fils
de fixer un jour et une heure pour l'entrevue
dont on était convenu. Lorsque je communiquai
à M. Briand les télégrammes que j'avais

reçus de Londres et de Rome, il me dit qu'il renonçait à son projet et qu'il était heureux d'en être débarrassé. Mais, le même jour, il priait par un télégramme le baron Coppée fils de venir à Paris en lui disant que rien, au fond, n'était changé. Le ministre de Belgique, le baron de Gaiffier d'Hestroy, m'apporta ce télégramme dont il ne saisissait pas bien la portée, mais qui lui causait de l'inquiétude. Il m'apprenait que M. de Broqueville lui avait donné l'ordre de transmettre, sous le couvert de la légation, les télégrammes de M. Briand au baron Coppée. Je mis le président de la République et mes collègues MM. Léon Bourgeois, Barthou, Doumer, Jean Dupuy, avec qui je marchais absolument d'accord, au courant de cet incident, et il fut décidé qu'on inviterait le baron Coppée fils à ne pas franchir la frontière, sous peine de s'exposer à des désagréments. M. Briand en fut très irrité. Mais pouvions-nous souffrir qu'on se moquât du gouvernement français ? L'irritation de M. Briand fut encore accrue quelques jours plus tard, lorsque le procureur de la République de Bayonne entama, sans nous avoir consultés, pour intelligences avec l'ennemi, une procédure, presqu'aussitôt abandonnée, contre M. Coppée père dont les allures lui avaient paru suspectes au voisinage de l'Espagne.

Comme je vous l'ai dit, les papiers de M. de Lancken ne permettent pas de douter que l'intrigue ait été poursuivie — même sous le ministère de M. Clemenceau — malgré la parole que m'avait donnee M. Briand que tout était fini. Ce que je ne puis m'expliquer c'est qu'un homme si fin, si prompt à saisir la pensée d'autrui se soit obstiné dans l'erreur où il avait été entraîné. Il a voulu avoir raison contre toute évidence, et il s'est livré, dans les couloirs de la Chambre des députés et du Sénat et dans les salons du faubourg Saint-Germain, à une véritable campagne pour répandre la croyance que nous étions sûrs de recouvrer l'Alsace et la Lorraine si on ne l'avait pas arrêté dans sa tentative : qu'il en avait la certitude par une lettre du kronprinz à Guillaume II. Cette lettre a été récemment publiée avec fracas par le journal le *Matin*. Or elle prouve que si le kronprinz était inquiet en juillet 1917, la seule concession qu'il conseillait à son père, c'était de renoncer à toute annexion à l'Est comme à l'Ouest. « Ne songeons plus à la Belgique, disait-il ». Pas une allusion à l'Alsace-Lorraine. Cela ne donne-t-il pas raison à ceux qui ont toujours cru qu'en 1917, ni l'empereur, ni son gouvernement ne songeaient à réparer l'injustice commise en 1871. Eussent-ils voulu nous restituer l'Alsace et la Lorraine, qu'ils

ne l'auraient pas pu faire sans une révolution en
Allemagne. Et puis, s'ils étaient disposés à un
tel sacrifice, qu'avaient-ils besoin de concilia-
bules secrets en Suisse entre M. de Lancken et
M. Briand ? Que ne nous faisaient-ils parler par
le roi d'Espagne ? On voulait nous tâter, nous
compromettre et nous entraîner plus loin que
nous ne voulions aller.

Les rapports de M. de Lancken ne laissent
à cet égard aucun doute. Quand ils ont été com-
muniqués à M. Briand par M. Paléologue, il a
essayé de prétendre que ces papiers étaient des
faux : mais leur authenticité résulte des notes
de sa main qu'y a mises M. de Lancken. D'après
ce que m'a raconté M. Paléologue, M. Briand
aurait alors pris un air détaché, et déclaré que le
gouvernement allemand n'avait pas connu la
véritable pensée de l'empereur, et que M. de
Lancken, seul au courant du *Secret de l'Empereur*,
aurait amusé la Chancellerie allemande par des
rapports d'où la vérité était absente. Qui pourra
le croire ? Si cela était vrai, pourquoi M. de
Lancken a-t-il écrit, lorsque j'ai quitté le ministère des affaires étrangères en octobre 1917 :
« Le débarquement de Ribot est un premier
succès pour nous » ? Pourquoi a-t-il ajouté que
« le vieux monsieur avait vu la guerre de 1870... »
et qu'il ne pouvait se prêter utilement à certaines

conversations ? Ces rapports de M. de Lancken sont notre justification, si nous avions eu besoin d'être justifiés. Heureusement la campagne menée par M. Briand pour persuader au public que nous pouvions faire en 1917 une paix honorable et épargner tant de vies humaines et tant de milliards ne saurait réussir. La vérité apparaît trop claire aux yeux de nos concitoyens pour qu'ils puissent s'égarer à ce point.

J'ai souffert toutefois de voir se faire une pareille campagne, et c'est ce qui m'a entraîné à faire à la tribune de la Chambre des députés, au cours de la discussion d'une interpellation de M. Leygues, une allusion discrète aux tentatives de l'Allemagne auprès d'un homme politique que je n'ai pas nommé, mais en qui M. Briand ne pouvait pas ne pas se reconnaître. M. Briand me pria d'effacer au *Journal Officiel* cette allusion au rôle qu'il avait joué. J'y ai consenti. Mais l'incident n'a pas échappé à M. Clemenceau qui, dans son journal, s'est livré à une violente attaque contre M. Briand. L'affaire a pris de grandes proportions à la suite des éclats de M. Briand dans les couloirs de la Chambre des députés. Tout de suite les socialistes, avec qui j'étais brouillé à fond, décidèrent de m'interpeller sur les motifs de la suppression au *Journal Officiel* d'une phrase de mon discours. J'aurais pu gagner du temps. L'atmosphère de la Chambre des députés était mauvaise pour le ministère en général, parce qu'on en voulait à M. Painlevé de la manière dont il avait parlé à la tribune de l'accusation de trahison portée par M. L. Daudet contre M. Malvy. Le ministère était menacé, et M. Painlevé n'était pas fâché que l'interpellation dont j'étais l'objet fût discutée avant l'interpellation dirigée contre lui. J'étais pressé moi-même de m'expliquer ; mais j'aurais voulu le faire en public et non en comité secret. Mes collègues plus timides que moi furent d'avis que la publicité serait dangereuse. Elle l'eût été moins pour le ministère que le huis-clos. Je me trouvai, contre mon attente, en présence d'une Chambre où des courants hostiles me rendaient la tâche si difficile que je fus sur le point de descendre de la tribune. Peut-être eût-il été plus habile de ménager moins M. Briand que je n'ai fait ; mais j'ai horreur de ces débats personnels. Quoi qu'il en soit, la Chambre, à la demande du président du Conseil, et malgré l'opposition des socialistes, vota l'ordre du jour pur et simple qui ne donnait raison ni au ministre ni à M. Briand. Je vous raconterai comment, à la suite de ce vote, M. Painlevé obtint une démission qui ne devait pas le sauver, comme il l'espérait, d'une chute prochaine du Cabinet.

Le président de la République m'a écrit une lettre personnelle pour me remercier du service que j'avais rendu à la France en m'opposant à la tentative de M. Briand. Je ne crois pas qu'aucune des personnes au courant de ce qui s'est passé dans cette affaire puisse me donner tort ainsi qu'à mes collègues du Cabinet. Qu'on veuille bien considérer à quels dangers nous avions à faire face dans cette année 1917 ! Ne peut-on pas dire qu'elle a été vraiment l'année critique de la guerre ? D'une part, un commencement de lassitude dans l'armée, l'effet de la Révolution russe, le contre-coup de l'offensive d'avril 1917 dont on avait trop attendu, la campagne menée pour affaiblir le moral de l'armée, des mutineries que l'autorité du général Pétain réussit à réprimer avec une fermeté et une modération dignes d'admiration ; d'autre part une campagne menée par l'Autriche, par l'Allemagne, pour persuader au monde que nous nous refusions à faire une paix honorable qu'on nous offrait, la Russie hésitant à continuer la guerre et prête à s'abandonner à la dictature des bolcheviks. Si nous avions fléchi un seul instant, si nous avions donné l'impression que nous étions las de lutter et prêts à conclure la paix fût-ce en abandonnant ce qui pouvait seul en faire l'honneur et le prix, que serait devenue la

France ? M. Poincaré m'a dit plus d'une fois que ces heures que nous avons vécues avec lui ont été les plus pleines d'angoisses et de dangers que nous ayons traversées. La conscience que nous avons d'avoir tenu, dans ces circonstances, la conduite qu'il fallait tenir suffit à nous consoler des attaques dont nous avons été l'objet. Il n'importe que nous n'ayons pas eu la récompense de nos efforts courageux si nous avons vraiment servi la cause de la France, si nous avons vu clair devant nous et su éviter les écueils où pouvait sombrer la fortune de notre pays.

LETTRE XXXIII

J'EN aurais fini avec les manœuvres de paix, si je n'avais quelques mots à ajouter au sujet de l'intervention du Saint-Siège en août 1917.

La papauté a montré, au cours de la guerre, ce qu'elle a perdu de l'ancienne autorité de son magistère. Dépouillée de son pouvoir temporel, n'ayant plus de relations diplomatiques ni avec l'Italie, ni avec la France, elle ne pouvait pas espérer que les nations belligérantes se soumettraient à son arbitrage. Si elle s'était enfermée dans sa mission purement spirituelle, si elle avait fait entendre une protestation solennelle contre la manière dont la guerre était conduite, elle eût grandi dans l'opinion du monde. Des ménagements trop visiblement inspirés par des considérations de prudence humaine, un silence que n'ont pu rompre même les atrocités commises à Louvain et à Reims, ont fait à la papauté un tort qui sera difficilement réparé. Sans doute, sa situation était difficile. Risquer de blesser l'Autriche, un de ses meilleurs appuis dans le monde, et de se brouiller avec l'empereur d'Allemagne et l'épiscopat germanique inféodé à l'empire ; parler de haut à toutes les nations au nom des idées éternelles que le Saint-Siège a toujours eu l'ambition de représenter, c'était un rôle que seul un grand pape aurait osé assumer. Qu'eût fait un pape comme Léon XIII ? Qu'eût fait Pie X, qui, à défaut de génie, avait un très haut sentiment de la dignité pontificale et des devoirs qu'elle impose ?

Il ne fait pas doute que Benoît XV croyait à la victoire des empires centraux. Mgr Baudrillart n'hésite pas à l'affirmer dans la brochure qu'il a publiée sous ce titre : *Benoît XV*. Il y voit une explication de l'attitude du Saint-Siège pendant la guerre. On peut supposer qu'avant de remettre le 14 août 1917 une note au ministre d'Angleterre et au chargé d'affaires de Russie, le cardinal Gasparri, secrétaire d'État, avait sondé les intentions des empires centraux. Aussi est-ce avec une extrême réserve qu'il s'exprimait dans cette note en ce qui concerne l'Alsace et la Lorraine, et, même, à l'égard de la Belgique, son langage manquait de précision et de fermeté. La Serbie, la Roumanie étaient passées sous silence, et une allusion vague était seulement faite à l'Arménie catholique. S'il était parlé d'un royaume indépendant de Pologne, on se gardait de rien dire de la Posnanie ni de la Galicie.

L'impression des représentants des Alliés, y compris le ministre de Belgique, fut mauvaise. Aucun des gouvernements alliés ne crut qu'il y avait, dans cette note, une base d'entente avec les empires centraux. M. Balfour exprima l'avis qu'il fallait laisser la parole à l'Autriche et à l'Allemagne. M. Sonnino ne pensait pas que nous dussions faire aucune réponse ni officielle ni officieuse à la note. Le secrétaire d'État de Washington me fit demander quelle attitude prendrait le gouvernement français. Je lui expliquai que, d'accord avec Londres, nous garderions, quant à présent, le silence. L'ambas-

sadeur américain, M. Sharp, me dit qu'en raison
de la situation intérieure des États-Unis et de la
place considérable qu'y tiennent les catholiques,
au point de vue politique, il croyait que le président Wilson ferait une réponse séparée à la
note du Saint-Siège. Cette réponse ne nous fut
pas communiquée avant d'être publiée. Elle fut
l'œuvre personnelle du président, et M. Lansing
lui-même n'en eut connaissance que lorsqu'elle
était entièrement rédigée et prête à être expédiée.
Le président, tout en ménageant les suscepti-
bilités du Saint-Siège, ne croyait pas pouvoir
encourager sa tentative. Le Vatican fut très
mortifié de cette réponse, à laquelle il s'attendait
d'autant moins qu'il avait fait tous ses efforts
pour entrer dans les vues du président en se
servant de ses formules en ce qui concernait
les garanties futures de la paix.

Le Cabinet de Londres prescrivit à son représentant près du Saint-Siège de faire une communication verbale au cardinal Gasparri pour expliquer que le gouvernement britannique n'avait
pas eu le temps de consulter ses alliés. Il ajoutait
que, dans sa pensée, aucun progrès n'avait
chance d'être réalisé tant que les Puissances
centrales n'auraient pas officiellement fait connaître leurs desseins, l'étendue des restaurations
et réparations qu'elles étaient disposées à accorder,

et les méthodes au moyen desquelles le monde pourrait être effectivement préservé des horreurs de cette guerre. On fera remarquer, ajoutait le télégramme adressé au comte de Salis, que la note manque de clarté en ce qui concerne la Belgique. Le comte de Salis laissa au secrétaire d'État une copie de ses instructions. C'était une imprudence ; car le cardinal Gasparri pouvait en prendre texte pour demander au gouvernement allemand de préciser ses intentions au sujet de la Belgique : et c'était un commencement de négociation avec l'Allemagne. J'en fis la remarque au *Foreign Office* ; mais déjà lord Robert Cecil, sous-secrétaire d'État, qui remplaçait M. Balfour, avait senti le danger et prescrit au comte de Salis d'éviter de fournir au cardinal aucun prétexte de faire une communication de notre part à nos ennemis. Sous cette réserve, je priai le gouvernement anglais de nous associer à sa démarche courtoise envers le Saint-Siège.

Le gouvernement pontifical ne pouvait qu'attendre la réponse des empires centraux. Elle fut pour lui une nouvelle déception. L'Allemagne et l'Autriche s'appliquèrent à ne mettre dans cette réponse que des formules vagues. On ne pouvait en tirer rien qui permît de ranimer une conversation qui s'éteignait d'elle-même. Le comte de Salis, venu à Paris, m'assura qu'il avait trouvé le pape mécontent et abattu. Il me donna une nouvelle raison de nous féliciter de notre prudence en me disant que le pape ne s'intéressait nullement à notre revendication de l'Alsace et de la Lorraine. Le cardinal Gasparri, dans une conversation avec le chargé d'affaires de Serbie, avait la franchise d'avouer que ce serait de notre part une illusion de penser que nous pourrions obtenir la restitution de l'Alsace et de la Lorraine autrement que par les armes. Tout au plus nous rendrait-on une partie du pays de langue française, en échange d'une colonie française...

Voilà toute l'histoire des pourparlers engagés en 1917 au sujet de la paix. Je pense que vous êtes édifié sur la possibilité que nous avions d'obtenir la restitution des provinces arrachées à la France en 1871, au moyen de négociations où nos ennemis ne voulaient nous attirer que pour faire ce qu'on appelle « une paix blanche ». Qu'eût pensé la France d'une paix qui ne lui aurait ni rendu l'Alsace et la Lorraine, ni assuré des garanties pour l'avenir ? Si nous avions eu la faiblesse d'y consentir, l'histoire n'aurait pas eu pour nous assez de mépris, ni la France de malédictions.

LETTRE XXXIV

JE veux vous entretenir aujourd'hui de ce
que nous avons fait en Grèce pour mettre
fin à une situation qui n'était pas digne de
nous, ni de nos alliés britanniques.

Aucune illusion n'était possible sur les dispositions du roi Constantin. Sa faiblesse seule
l'empêchait de prendre ouvertement parti contre
nous. Mais il était tout acquis à l'Allemagne et
n'attendait qu'une occsaion pour jeter le masque.
La façon dont il avait livré Cavalla aux Bulgares
était une véritable trahison. Nous avions toléré
qu'il violât ouvertement la Constitution, dont
nous étions, avec l'Angleterre et la Russie, les
garants. Depuis le jour où il avait dissous illé-
galement une Chambre élue sous un ministère
Gounaris et où, malgré la pression officielle,
M. Venizélos avait la majorité, il n'y avait plus,
à proprement parler, de Constitution.

M. Venizélos avait établi à Salonique un

gouvernement autour duquel s'était groupée la Grèce nouvelle, en même temps que la Crète et une partie de la Grèce ancienne. Ce gouvernement n'avait pas été reconnu par les Puissances de l'Entente ; mais en fait nous le soutenions en lui fournissant des subsides et des munitions, tout en laissant à Athènes auprès du roi notre représentation diplomatique.

Quand nos marins étaient tombés à Athènes, en décembre 1916, sous les coups de meurtriers qui se croyaient sûrs de l'impunité, nous nous étions contentés de réparations insuffisantes, et nous avions donné l'impression que nous étions résolus à ne pas faire preuve d'énergie. Le prestige de la France et celui de l'Angleterre s'en étaient trouvé affaiblis. Lord Robert Cecil, au cours de nos entretiens de mai 1917 à Paris, parlait avec raison de « la manière déplorable dont la diplomatie des Alliés avait été conduite en Grèce ». Il y a deux ans, ajoutait-il « notre position y était excellente, l'opinion était pour nous, le roi restait strictement neutre et la Grèce était unie. Tout cela est changé ». L'explication qu'il en donnait, c'est qu'il n'y avait jamais eu d'unité véritable d'action entre les Puissances de l'Entente : « Les ministres anglais et français ont eu deux politiques un peu différentes et le ministre italien une politique très différente. »

Les gouvernements de l'Entente étaient plus responsables que leurs représentants diplomatiques de ce défaut d'action concertée. Ils se mirent toutefois d'accord en janvier 1917, dans une réunion tenue à Rome, pour exiger du roi de Grèce qu'il fît passer dans le Péloponèse la plus forte partie de l'armée grecque et de son matériel de guerre. Le roi s'inclina. On pensait avoir ainsi assuré la sécurité de notre armée de Salonique et pris des précautions contre les mauvais desseins du roi. Mais si l'Allemagne avait dirigé une attaque en force contre notre armée d'occupation, le roi eût vite fait de retirer sa parole, de ramener ses troupes dans la Grèce continentale et de provoquer, en même temps, sur les derrières de l'armée de l'Entente, une guerre de partisans qui eût été singulièrement gênante. Le général Lyautey, en revenant de la conférence de Rome, avait signalé ces dangers au Conseil des ministres. Il n'avait pas cessé de demander qu'on autorisât le général Sarrail, commandant en chef des troupes de Salonique, à occuper en Thessalie des points stratégiques qu'il considérait comme indispensables.

Telle était la situation en mars 1917.

Il était d'autant plus urgent de s'occuper de la question grecque que le gouvernement britannique, inquiet des progrès de la guerre sous-marine, entrevoyait l'impossibilité prochaine de ravitailler l'armée de Salonique. Il avait pris la décision de retirer une division de Salonique et, il devait, en mai, nous proposer, à la conférence de Paris, de ramener graduellement l'armée d'occupation aux effectifs nécessaires pour tenir le camp retranché de Salonique. Si ces retraits des troupes d'occupation avaient lieu avant que nous eussions assuré notre sécurité du côté de la Grèce et donné à M. Venizélos les moyens de former une armée hellénique, capable de combattre à nos côtés pour repousser une attaque venant du Nord, qui ne voit le danger auquel nous pouvions être exposés ? C'est ce que nous fîmes ressortir avec force dans les entretiens que nous eûmes en mai à Paris avec M. Lloyd George et lord Robert Cecil, assistés du général Robertson.

Le gouvernement britannique, tout en étant au fond d'accord avec nous, redoutait que l'occupation de la Thessalie, et surtout une descente à Athènes, si elle était nécessaire, ne nous engageât dans une aventure. Il n'avait pas confiance dans le général Sarrail à qui il attribuait des arrière-pensées politiques. Cependant l'impression qu'avait faite à Rome le général sur M. Lloyd George avait été favorable, et le premier ministre n'a jamais manqué de rendre hommage à la loyauté avec laquelle le général avait tenu sa promesse de ne provoquer aucun trouble en Thessalie pour avoir l'occasion d'intervenir. M. Lloyd George se préoccupait, comme nous-mêmes, de ne pas mécontenter le gouvernement italien en manquant aux engagements pris à la conférence de Rome. M. Sonnino ne verrait pas d'un œil complaisant la rentrée à Athènes de M. Venizélos dont il redoutait les ambitions. Il craignait aussi que le renversement du roi Constantin n'amenât la chute de la royauté en Grèce. Il ne souhaitait pas l'établissement d'une république hellénique dont le voisinage pourrait être gênant pour l'Italie.

Dans l'entrevue de Saint-Jean-de-Maurienne, nous abordâmes franchement ces questions avec M. Sonnino. Il voulut bien s'en remettre à l'Angleterre et à la France quant à l'occupation éventuelle de la Thessalie. Sans doute pensait-il que nous aurions quelque peine à nous mettre d'accord avec nos alliés d'outre-Manche. Quant au roi Constantin, s'il apparaissait qu'il manquât à ses engagements, M. Sonnino consentait à ce qu'on exigeât son abdication, à condition de garder la dynastie et de ne rien faire pour établir la république. En revenant de Saint-Jean-de-Maurienne, je pressai M. Lloyd George de prendre un parti. Il me demanda d'ajourner d'un mois la décision, en alléguant, non sans raison, qu'il était préférable d'attendre le résultat de l'offensive que le général Sarrail devait entreprendre au mois de mai contre l'armée bulgare.

Le roi Constantin, pressentant le danger qui le menaçait, s'était décidé à faire appel à M. Zaïmis pour la constitution d'un ministère de conciliation qui essaierait de rétablir de bons rapports avec la France et l'Angleterre. Je donnai pour instructions à notre ministre à Athènes de se montrer très réservé et de n'avoir avec le roi que les rapports indispensables. Des instructions analogues furent données au représentant de la Grande-Bretagne. En même temps, je saisis l'occasion de marquer la ligne de conduite du ministère, en refusant de réprimer un mouvement qui s'était produit dans l'île de Zante et venait de se propager dans d'autres îles en faveur du gouvernement de M. Venizélos. Le gouvernement britannique fut d'accord avec nous, et aucune protestation ne vint du gouvernement italien.

Nous étions pressés d'entrer en Thessalie, parce que la récolte du blé s'y fait de très bonne heure, et qu'il était de grande importance de nous assurer cette récolte pour la partager équitablement entre l'ancienne Grèce royaliste et la Grèce de M. Venizélos. Lorsque M. Lloyd

George et lord Robert Cecil vinrent à Paris en
mai 1917, je leur communiquai une proposition
de M. Venizélos de se charger lui-même d'occuper
la Thessalie. Cette offre ne fut pas acceptée.
Toutefois, nous convînmes que si l'entrée de
nos troupes en Thessalie provoquait un mouvement spontané en faveur de M. Venizélos, nous
ne ferions pas obstacle à ce que celui-ci se chargeât de maintenir l'ordre et de contribuer à l'établissement d'un régime régulier. M. Lloyd George
et lord Robert Cecil auraient voulu que la France
prît seule à son compte l'occupation de la Thessalie. « Si vous agissez seuls, disaient-ils, la chose
sera mieux faite et vous serez plus libres de votre
action. » Ce désintéressement était flatteur pour
nous, mais nous ne pouvions pas accepter que
l'Angleterre parût se désintéresser d'une action
que nous avions résolue en commun. Il nous
fallut insister de la manière la plus énergique
pour obtenir, en fin de compte, que le gouvernement britannique s'engageât à joindre à nos
forces un contingent de 500 hommes. Sir W. Robertson était très opposé à toute action en Thessalie. Il nous voyait déjà engagés dans une aventure telle que l'expédition de Napoléon en
Espagne : comme s'il pouvait y avoir une ana-
logie, toutes propositions gardées, entre la guerre
d'Espagne et la guerre de guerillas qu'on parais-

sait redouter dans les défilés de la Thessalie !

Ce premier résultat obtenu, la question de l'abdication à exiger du roi Constantin fut réservée par M. Lloyd George jusqu'à une réunion prochaine que nous aurions à Londres pour nous occuper de la réduction du corps d'occupation de Salonique, que le gouvernement britannique avait à cœur d'effectuer le plus tôt possible. Nous ne voulûmes pas nous séparer sans avoir établi l'unité de notre action diplomatique à Athènes, par l'institution d'un haut-commissaire qui représenterait les deux gouvernements et aurait la haute main sur le général Sarrail en ce qui concerne la direction politique. Puisque le général en chef est français, n'était-il pas juste que le haut-commissaire fût anglais ? C'est précisément, fis-je observer, parce que la France a la responsabilité de la direction des opérations militaires, qu'elle doit avoir la responsabilité de l'action diplomatique. On ne pouvait séparer la guerre et la diplomatie. M. Lloyd George et lord Robert Cecil se rendirent de bonne grâce à mes raisons, et quand je leur proposai le nom de M. Jonnart, ils donnèrent avec empressement leur adhésion à sa désignation.

Comme vous le voyez, l'affaire était bien engagée. Nous devions nous retrouver à Londres à la fin de mai pour reprendre et achever la conversation.

LETTRE XXXI

JE me rendis à Londres, comme il avait été convenu, le 28 mai, avec M. Painlevé, l'amiral Lacaze, M. Jonnart et le général Foch, chef d'état-major général. Du point de vue militaire, la question était envisagée par le général Foch de la manière la plus simple. Le moyen de donner satisfaction à l'amiral Jellicoe, justement inquiet de ne pouvoir assurer le ravitaillement des troupes de Salonique, en raison de la guerre sous-marine, ce n'est pas de réduire le corps d'armée de Salonique et de l'exposer à une capitulation. C'est de nous emparer du chemin de fer de Salonique à Athènes par Larissa. Il faut donc établir à Athènes un gouvernement dont nous soyons sûrs, avant même d'entreprendre une opération en Thessalie. La première chose à faire est d'occuper Athènes et l'isthme de Corinthe, opération facile, qui peut être faite avec deux divisions et deux autres en réserve. Cela était simple, en effet ; mais quels cris ne devait pas pousser le gouvernement britannique, à la seule idée d'occuper militairement Athènes ! Avant la réunion, M. Lloyd George m'avait pris à part pour me dire que le Cabinet anglais était divisé et que lord Curzon ferait une opposition irréductible à l'occupation d'Athènes. « N'insistez pas, m'avait dit M. Lloyd George, si vous ne voulez pas me créer les plus grandes difficultés. » Ce n'est pas qu'en principe, le Cabinet de guerre ne fût d'accord avec nous sur la nécessité de nous débarrasser du roi. « Il est notre ennemi, disait M. Lloyd George, et il n'a pas cessé de négocier avec nos ennemis. S'il a adopté depuis quelque temps une attitude moins provocante, c'est parce qu'il sait que les Allemands ne viendront pas le secourir. Tant qu'il sera sur le trône, nous ne serons jamais tranquilles. » Dans une note qui nous fut remise par lord Robert Cecil, il était dit que le « roi avait violé la Constitution dans sa lettre et dans son esprit, et que les Puissances protectrices étaient qualifiées pour lui dire que la Grèce n'était plus un État constitutionnel dans l'esprit du traité de 1863. » Mais pourquoi occuper militairement Athènes, au risque de provoquer

une résistance armée, des désordres graves, des
destructions de monuments qui exciteront l'indignation du monde ? Pourquoi ne pas entrer
pacifiquement en Thessalie, y acheter la récolte,
et, cela fait, mettre le roi en demeure d'abdiquer ?
S'il refuse, on renforcera le blocus, et par crainte
de la famine, le roi sera forcé de se soumettre,
sans qu'on ait à redouter une effusion de sang.

Le *War Cabinet* avait bien prévu que ce plan
ne saurait nous satisfaire, et, de fait, il n'était
pas difficile d'en démontrer les défauts. Mais
nos amis d'Angleterre étaient si bien décidés à
n'en pas démordre, que la note de lord Robert
Cecil se terminait par ces mots : « Nous voulons
être assurés que le gouvernement français et
M. Jonnart accepteront pleinement et sans aucune
réserve cette politique ou que, s'ils ne le font
pas, ils laisseront à des agents britanniques le
soin de la mettre à exécution. » Après en avoir
délibéré avec le général Foch, nous répondîmes
à cette note qu'il nous semblait préférable d'occuper immédiatement Athènes, pour y signifier
notre volonté d'obtenir l'abdication du roi. Toutefois, pour maintenir l'union, nous étions disposés à ne pas débarquer de troupes à Athènes,
à condition que, dès le début de l'opération en
Thessalie, nous occuperions l'isthme de Corinthe.
La question fut renvoyée à l'examen des conseil-

lers militaires des deux pays, et, le lendemain,
M. Lloyd George déclara que le gouvernement
britannique ne se refusait pas à ce que le général
Sarrail tînt prêtes des troupes de débarquement
pour occuper l'isthme de Corinthe, à la première
indication d'un mouvement des troupes grecques
établies en Morée.

Vous voyez combien était pénible cette négociation, et comment le gouvernement anglais
s'obstinait dans son idée d'attendre, pour débarquer à Corinthe, que le roi eût eu le temps
d'organiser la résistance et de nous forcer à des
mesures de répression. Pourtant il ne fallait pas
rompre sur une question de procédure. M. Jonnart, invité à prendre la parole, conclut la discussion en ces termes : « J'avais pensé que, pour
répondre aux inquiétudes que nous partageons
avec l'amiral Jellicoe et pour éviter un conflit
dangereux, le meilleur moyen était de déployer
immédiatement notre force. La solution qui a
été préférée n'est pas tout à fait celle-là. Mais
j'espère qu'elle donnera les résultats que nous
attendons. »

Dès notre retour à Paris, M. Jonnart fit ses
préparatifs de départ. Il n'était pas sans préoccupations, mais il acceptait de remplir sa mission
en se conformant aux désirs du gouvernement
britannique. « Je ferai pour le mieux, m'écri-

vait-il la veille de son départ. La manière douce préconisée par le gouvernement britannique est de nature à compliquer beaucoup les choses. Si le roi refuse d'abdiquer, il peut essayer de durer en opposant la force d'inertie. Le blocus ne le réduirait pas très vite. » Il fut entendu avec le haut commissaire que le diadoque serait exclu du trône, à raison de son hostilité contre nous, et que la succession de Constantin serait offerte à son second fils, le prince Alexandre. M. Venizélos, dans les derniers temps, s'était rapproché de l'idée d'établir en Grèce une république. Mais avec son génie souple et habile à se plier aux circonstances, il accepta que le prince Alexandre devînt roi de Grèce avec l'assentiment de la représentation nationale.

Je ne connaissais guère personnellement, à cette époque, M. Venizélos. Je l'avais seulement rencontré un jour chez M. Denys Cochin. Depuis que je suis entré en relations plus familières avec lui, j'ai admiré l'art avec lequel il a su conduire sa propre fortune et celle de son pays. Une grande simplicité de formes et de langage, une élégance qui est le triomphe de cette simplicité même et n'a rien d'affecté ni d'emprunté, une intelligence vive, ouverte à toutes les idées, prompte à saisir les nuances les plus fines, de la hardiesse qu'on est tenté parfois de prendre pour de la témérité mais que tempère la prudence la plus avisée, je ne sais quoi de séducteur dans sa manière de traiter les questions et de donner confiance à ses interlocuteurs, avec cela de la sincérité, rien qui ressemble à de l'intrigue, n'est-ce pas le génie grec dans ce qu'il a eu de plus subtil, de plus délicat, de vraiment supérieur ? Si M. Venizélos n'a pas trop présumé de la sagesse et de l'esprit politique de ses concitoyens, il laissera une œuvre qui lui vaudra l'admiration de l'histoire.

Le ministre des affaires étrangères de Russie, M. Terestchenko, que nous avions mis au courant des décisions prises à Londres, se montra d'abord satisfait. Il craignait toutefois qu'on ne lui reprochât de prêter son appui à une Constitution monarchique. Mais il reconnaissait que c'était la seule forme sous laquelle pût se produire l'action commune des trois Puissances protectrices de la Grèce (télégramme du 2 juin). Quelques jours plus tard, il devait nous faire savoir qu'il avait les plus sérieuses objections à l'exécution des résolutions de la conférence de Londres. Cela n'était pas pour nous arrêter. M. Jonnart, arrivé à Athènes le 7 juin, en repartait presque aussitôt pour Salonique avec l'intention de revenir dans peu de jours pour exiger l'abdication du roi. Pendant qu'il était encore à

Athènes, je reçus des mains d'un envoyé spécial
une lettre de M. Lloyd George qui demandait
inopinément le rappel immédiat du général
Sarrail. L'offensive du mois de mai n'avait pas
eu le succès qu'on espérait. C'était, disait-on,
la faute du général en chef qui n'avait pas eu
un plan bien concerté, ni aucun contact approprié
avec les armées sous ses ordres. Cette demande
brusque, faite en un pareil moment, ne pouvait
que me surprendre. Il était évident qu'à la veille
de notre entrée en Thessalie, la révocation du
général Sarrail apparaîtrait comme une satisfaction donnée aux adversaires de notre politique.
C'est ce que je tâchai de faire comprendre dans
ma réponse, que j'écrivis pendant le Conseil des
ministres. Nous ne pouvions pas, disais-je, apprécier les reproches adressés au général puisqu'on
ne nous avait rien communiqué des rapports parvenus à nos alliés. La tâche du commandant en
chef était singulièrement difficile du fait qu'il avait
sous ses ordres des troupes de six nationalités
différentes. « Nous ne voulions pas toutefois,
ajoutais-je, que la question, soulevée avec une
précipitation insolite, devînt une cause de dissentiment entre les deux pays, et nous ne nous
refusions pas à envisager le rappel du général
Sarrail. Mais il était impossible de lui retirer son
commandement au moment précis où les opé-

rations concertées entre nous étaient en pleine
exécution. L'autorité du commandant en chef
doit rester entière pour le succès pacifique des
mesures dont l'exécution lui est confiée. » Je
dois dire que M. Lloyd George comprit si bien
nos raisons qu'il me fit remercier par le chargé
d'affaires britannique de l'esprit amical dans
lequel nous avions répondu à sa lettre. Il n'insistait pas pour que le général fût rappelé au cours
de la période critique où nous étions engagés
(12 juin). Quand il vint avec M. Sonnino à Paris
en juillet, il ne fut plus question d'enlever au
général son commandement.

M. Jonnart devait être le 9 juin à Salamine.
Ce jour-là M. Graham, chargé d'affaires de la
Grande-Bretagne, m'apporta un télégramme dont
il me laissa copie. Le gouvernement de Londres
avait appris que, sur l'ordre du gouvernement
français, des troupes françaises allaient débarquer
au Pirée. « Si le rapport est exact, disait le télégramme, le gouvernement de S. M. doit protester
énergiquement contre une action de ce genre,
qui est de nature à mettre en danger les colonies
alliées et les légations à Athènes. Le gouvernement britannique n'a pas été consulté et une
telle action constituerait un manquement formel
aux décisions arrêtées dans la conférence de
Londres. » On ajoutait que le gouvernement

russe avait prié le gouvernement britannique de ne pas sacrifier les intérêts militaires à des considérations politiques. Les Italiens et les Serbes s'opposaient à ce qu'on usât de la force pour obtenir l'abdication du roi. « Le gouvernement britannique sera placé, concluait-on, dans une position sérieuse, s'il est dans l'intention du gouvernement français de ne pas tenir compte des décisions prises en commun. » Comment le gouvernement britannique était-il informé des desseins de M. Jonnart, alors que nous-mêmes n'en savions rien ? M. Jonnart avait sans doute fait confidence de ses projets au ministre d'Angleterre à Salonique, qui s'était empressé d'avertir son gouvernement.

Le lendemain, le chargé d'affaires britannique revint au quai d'Orsay pour me communiquer un second télégramme de Londres aussi catégorique que le premier : « Si nous nous laissons entraîner à de nouvelles complications militaires en Grèce, il est impossible d'exagérer le caractère sérieux qui en résultera. » Il y avait là, vous en conviendrez, de quoi nous faire réfléchir. Nous étions trop engagés pour reculer. Il ne fallait pas que M. Jonnart, troublé par ces protestations, fît machine en arrière après s'être tant avancé. Je ne lui communiquai pas les termes trop durs de la protestation du gouvernement britannique. Je lui indiquai la réponse que j'avais faite au chargé d'affaires. « J'ai répondu, disais-je, que vous n'avez certainement pas eu l'intention de manquer à ce qui a été convenu, et que vous êtes justifié de prendre toutes les précautions que vous jugez utiles pour prévenir des troubles à Athènes, dont les nationaux des deux pays et les légations seraient les premières victimes. Je vous prie, pour éviter des difficultés graves avec le gouvernement anglais, de ne faire débarquer les troupes au Pirée et à l'isthme qu'en cas de nécessité dont vous êtes seul juge, et dont nous pourrons justifier, le cas échéant, auprès du gouvernement anglais. » D'autre part. je fis dire par notre ambassadeur au gouvernement anglais qu'il devait se confier à M. Jonnart dont il connaissait la prudence et dont les premiers télégrammes nous avaient donné l'impression qu'il prenait avec beaucoup de calme les dispositions qu'il jugeait les meilleures » (télégramme du 9 juin à M. Paul Cambon).

Je reçus le 10 juin au matin un télégramme de M. Jonnart. Il avait eu communication par le ministre britannique à Athènes du télégramme de lord Robert Cecil. « Je reconnais, disait-il, que les résolutions de Londres semblaient en effet prévoir des opérations successives, mais j'ai cru que la meilleure chance d'obtenir une solution

était de manifester notre force. » Il lui avait paru
que la conférence avait reconnu qu'il serait sur
place le meilleur juge. Son intention était de faire
débarquer les troupes dans la nuit. Mais il se
ravisa, suspendit l'ordre de débarquement et se
résolut à me demander des instructions absolument formelles. Après m'être mis d'accord avec
le ministre de la guerre et le ministre de la
marine, je l'invitai à débarquer les troupes à
Eleusis, à proximité d'Athènes.

Avant d'avoir reçu mon télégramme, M. Jonnart avait repris confiance. Une première entrevue
avec M. Zaïmis s'était très bien passée. Notre
haut-commissaire avait déclaré qu'il était venu
pour rétablir la vérité constitutionnelle, et qu'en
cas de mauvaise volonté il était autorisé à intervenir avec les forces à sa portée. « C'est une
bonne chose », avait répondu M. Zaïmis. M. Jonnart lui remit une note relative à la Thessalie,
et une autre relative au renforcement de nos
postes dans l'isthme de Corinthe. Il se réserva
de revoir le lendemain M. Zaïmis et de lui
remettre la demande formelle d'abdication du
roi. Cette demande fut en effet déposée le 11 juin
aux mains de M. Zaïmis, qui ne manifesta
aucune surprise. M. Jonnart fit appel à son patriotisme et à sa haute expérience. Il lui rappela que
son père, dans des circonstances analogues, lors

de l'abdication du roi Othon, avait sacrifié ses préférences personnelles au bien du pays. M. Zaïmis se déclara résolu à conseiller au roi de déférer à l'invitation des Puissances et s'engagea à faire connaître le lendemain avant midi la décision que prendrait le roi, après la réunion du conseil de la Couronne, composé des anciens présidents du Conseil.

Il y eut, dans la nuit, de l'agitation à Athènes. On sonna le tocsin pour appeler aux armes les partisans du roi. Mais personne ne répondit à cet appel. La présence des troupes françaises, toutes prêtes à un débarquement, avait suffi à calmer les plus exaltés. Le lendemain à neuf heures et demie, M. Zaïmis fit savoir à M. Jonnart que le roi avait décidé de quitter la Grèce avec le prince royal et avait désigné pour son successeur le prince Alexandre. Ce n'était pas une abdication formelle. Le prince royal n'avait pas renoncé à ses droits. Mais on pouvait, en attendant la décision de l'assemblée nationale, tenir pour valable l'accession au trône du prince Alexandre. Nos troupes débarquèrent au Pirée et furent accueillies avec sympathie par la population. Le roi put quitter Athènes sans encombre et s'embarquer sur le yacht royal que deux canonnières françaises escortèrent jusqu'aux rivages d'Italie. Fallait-il inviter le roi à se rendre

en Angleterre ou dans quelque endroit où il
aurait pu être soumis à une surveillance pendant
la durée de la guerre ? M. Jonnart, d'accord
avec M. Venizélos, nous fit observer qu'à l'égard
de la partie de la population qui lui était
restée fidèle, il était préférable de n'imposer au
roi aucune exigence qui pût être considérée
comme un acte d'excessive rigueur. Si nous
avions pu prévoir les abominables conspirations
qui se sont tramées depuis autour du roi, en
Suisse, peut-être M. Venizélos aurait-il été,
comme nous, moins indulgent. Je ne crois pas
toutefois qu'il ait regretté de s'être montré trop
généreux.

J'adressai à M. Jonnart les félicitations du
gouvernement français. Dans mon télégramme
j'ajoutai : « Vous avez compris que je vous aurais
couvert quoi qu'il arrivât. Mais je ne pouvais
laisser croire au gouvernement anglais que, dès
votre départ de Paris, nous étions d'accord pour
ne pas tenir compte des engagements de Londres.
Vous vous êtes décidé, après avoir vu quelle
était la situation, à prendre sur vous de modifier
vos instructions. Le succès vous donne raison,
et le gouvernement britannique vous doit des
remerciements qu'il ne manquera pas, je l'espère,
de joindre aux nôtres. »

Lord Robert Cecil, quand il revit notre ambas-

sadeur, se borna à lui dire : « Tout est bien qui
finit bien. »

LETTRE XXXVI

NOTRE occupation de Salonique se rat-
tache par un lien direct aux affaires de
Grèce, dont je vous ai entretenu dans ma
dernière lettre. Vous savez comment nous avons
été amenés en 1915 à faire un premier envoi de
troupes à Salonique. La Serbie était, à ce moment,
gravement menacée par la Bulgarie, en même
temps que par l'Autriche. M. Venizélos voulait
exécuter le traité par lequel la Grèce s'était
engagée à prêter son concours à la Serbie en cas
d'une agression de la Bulgarie. Il nous incitait
secrètement à venir nous-mêmes au secours de
la Serbie en débarquant à Salonique. Si nous
prenions cette initiative, il ne protesterait que
pour la forme contre notre entrée sur le territoire
de la Grèce. Nous nous décidâmes à envoyer
quelques troupes et le gouvernement britannique
fit de même. Mais M. Venizélos, devant l'oppo-

sition du roi qui se refusait à laisser la Grèce
s'engager dans une guerre avec les Puissances
centrales alliées à la Bulgarie, donna sa démission.
Tout aussitôt le gouvernement de Londres voulut
faire revenir ses troupes en route pour Salonique.

Le grand quartier général français n'avait
consenti qu'à regret qu'on lui enlevât quelques régiments pour tenter une diversion au
profit de la Serbie. Déjà en janvier 1915 le général
Joffre s'était prononcé avec énergie contre l'idée
d'établir une base militaire à Salonique. De qui
était venue cette idée ? Elle fut apportée au
Conseil des ministres par M. Briand qui l'avait
reçue sans doute de quelque officier de l'état-
major du général Franchet d'Esperey. Le Conseil
voulut avoir l'avis du général Joffre. Le président
de la République invita le général à déjeuner à
l'Élysée avec les ministres. Au premier mot que
lui dit M. Poincaré du projet en question, le
général se récria et donna avec force les raisons
de son opposition. On affaiblirait le front français
où était engagée la bataille principale, celle qui
devait décider de la victoire. Et que ferait-on à
Salonique ? Les communications avec la Bulgarie et avec l'Autriche étaient insuffisantes pour
le développement d'une action de grande envergure. On manquerait des moyens de ravitailler

l'armée si elle s'aventurait dans une marche sur Sofia, ou sur Belgrade et sur Vienne. A mesure que le président de la République insistait, le général s'enfermait de plus en plus dans sa résistance. Le dialogue devint à un moment très vif. « Si le gouvernement n'était pas de votre avis, dit M. Poincaré au général, vous devriez vous incliner. » Le général répondit qu'il aurait le devoir de donner sa démission. « Un général devant l'ennemi, répliqua M. Poincaré, n'a pas le droit de se retirer s'il n'est pas relevé de son commandement. — Mais, répliqua à son tour le général Joffre, un général a dans ces circonstances le droit de se faire tuer. » L'entretien s'arrêta là. M. Briand ni aucun des ministres n'intervint pour appuyer l'idée que repoussait si énergiquement le commandant en chef, et le Conseil des ministres ne fut pas appelé à en délibérer.

On comprend que le général Joffre se soit résolu malaisément, en septembre 1915, à laisser partir pour Salonique un corps de troupes détaché de nos réserves en France. Mais il y avait un tel péril pour la Serbie, notre alliée, qu'on devait tout tenter pour venir à son aide, en même temps que la Grèce. Si la Grèce refusait de marcher, devions-nous rester à Salonique ? Le Conseil des ministres n'était pas unanime.

Il y avait en dehors du Conseil une forte opposition au maintien de notre drapeau à Salonique. M. Clemenceau faisait une campagne très vive pour appuyer la résistance du grand quartier général. Mais si nous quittions Salonique, l'armée serbe, attaquée par les Bulgares et les Autrichiens, serait forcée de capituler. En restant à Salonique, nous pouvions l'aider à faire jusqu'à l'Adriatique cette retraite mémorable qui l'a sauvée de la destruction totale. Nous avons pu recueillir ses débris, les rassembler, les transporter à Salonique, en refaire une armée qui, au jour de la bataille, en 1918, aiderait puissamment à la déroute de la Bulgarie et à l'effondrement de l'Autriche-Hongrie. Le Conseil des ministres décida donc que Salonique ne serait pas abandonné. M. Delcassé crut devoir, à cette occasion, se retirer du ministère.

Quelques mois plus tard, la question du retrait des troupes franco-britanniques de Salonique fut de nouveau agitée. M. Briand venait à peine de prendre la présidence du Conseil que M. Asquith le pria de se rendre à Calais pour conférer avec lui et avec quelques-uns de ses collègues de l'évacuation de Salonique. Je conseillai à M. Briand de partir pour Calais sans réunir le Conseil des ministres dont il connaissait l'avis, et de s'opposer résolument à toute idée d'évacuation. M. Briand ne put, malgré tous ses efforts, avoir raison de la volonté du gouvernement britannique de renoncer à Salonique. La relation écrite de la conférence qu'il avait eue avec les membres du Cabinet anglais portait que nous avions dû nous incliner devant le parti-pris de nos alliés.

Pouvions-nous rester seuls à Salonique ? Je ne le pensais pas et je m'exprimai en ce sens. Mais ne fallait-il pas faire un nouvel effort pour empêcher la faute que nos alliés allaient commettre ? Le Conseil des ministres décida de faire appel à la Russie et à l'Italie pour qu'elles appuyassent notre résolution auprès du Cabinet de Londres. Le président du Conseil fut chargé de faire savoir au gouvernement britannique que le gouvernement français lui demandait de soumettre à une nouvelle délibération ce qui avait été décidé dans la conférence de Calais. Le Cabinet anglais revint sur sa décision, et l'occupation de Salonique fut maintenue. Des renforts importants furent envoyés à la fin de 1916. M. Lloyd George s'était prononcé contre l'abandon de Salonique. Devenu premier ministre, il demeurait fidèle à son opinion. C'est lui qui, dans une conférence tenue à Boulogne, à laquelle j'assistais, décida que l'armée d'occupation anglaise serait augmentée de deux divisions et portée à six (225.000 hommes). Nous avions nous-mêmes une force de 200.000 hommes. Les Serbes étaient au nombre de 130.000 ; les Russes de 12.000. L'Italie, en dehors des troupes établies à Valona, avait un corps de 45.000 hommes. Enfin la Grèce de Venizélos allait mettre sur pied une force d'environ 40.000 hommes. Toutes ces troupes étaient sous les ordres du général Sarrail. Mais le commandant en chef se plaignait de ne pas trouver chez les commandants des troupes alliées tout le concours qu'il pouvait souhaiter. Il y avait des tiraillements, un manque d'unité qui rendait toute action commune difficile. Les chefs des contingents alliés reprochaient de leur côté au général Sarrail de manquer de confiance en eux et de ne pas les associer assez étroitement à la préparation de ses plans. L'offensive qui devait avoir lieu au commencement de 1917 et qui subit plusieurs retards n'eut pas, comme je vous l'ai écrit, le succès qu'on pouvait en attendre. La situation du général Sarrail n'en devint que plus difficile, et vous avez vu, dans ma précédente lettre, que M. Lloyd George aurait voulu qu'on le rappelât au moment où nous allions entrer en Thessalie — comme le général n'avait cessé de le demander, — et exiger l'abdication du roi Constantin.

Quand la guerre sous-marine commença d'inspirer de vives inquiétudes au gouvernement britannique, en avril 1917, le Cabinet de Londres, vivement impressionné par les rapports de l'amiral Jellicoe, résolut de retirer de Salonique les troupes anglaises ou, du moins, de réduire l'occupation à ce qui était indispensable pour la défense du camp retranché. Quand M. Lloyd George et lord Robert Cecil vinrent à Paris, en mai, ils nous firent part de leur décision de retirer tout d'abord une division et deux brigades de cavalerie pour les envoyer en Égypte. On attendrait pour prendre d'autres décisions le résultat de l'offensive en préparation. Mais on nous faisait entendre que, dans tous les cas, l'armée d'occupation ne pourrait demeurer sur le pied où elle était. Les chiffres que donnait l'amiral Jellicoe étaient inquiétants, et l'amiral Lacaze ne pouvait pas contester que la difficulté devînt de plus en plus grande de ravitailler et d'entretenir des effectifs aussi considérables que ceux dont nous disposions dans la péninsule balkanique. Mais nous ne pouvions nous résigner à la solution que préconisait l'état-major britannique. C'était à nos yeux une imprudence que de se retrancher dans le camp de Salonique et de laisser ouverte à l'Allemagne la route d'Athènes et du Péloponèse. A quoi pouvait servir une tête de pont si, faute d'effectifs suffisants, nous nous

condamnions à ne pas pouvoir sortir de Salonique ?

La question fut renvoyée à l'examen de nos
conseillers militaires et des conseillers britanniques. Le général Pétain, à ce moment chef
d'état-major général, fut chargé de présenter les
conclusions de la commission. Il le fit en termes
nets et catégoriques. Se borner à occuper le
camp retranché de Salonique, ne répondait à
aucune conception militaire. Si des motifs
d'ordre politique commandaient une telle mesure,
les experts militaires évaluaient à douze divisions
appuyées par une puissante artillerie lourde les
forces nécessaires pour tenir l'ancien camp. Ce
rapport donna lieu à une discussion très vive.
Les représentants du gouvernement de Londres
ne se laissèrent pas entamer. Ils en revinrent à
la nécessité, plus forte que toute volonté, de
réduire le tonnage affecté au ravitaillement de
l'armée. Ils maintinrent leur décision de retirer
le 1er juin une division. Pour faire une concession
de forme plus que de fond, ils admirent que
« la méthode pour réduire les forces de Salonique
en conformité des besoins de la situation militaire ne fût établie que plus tard ». Nous répondîmes que « le gouvernement français ne pouvait
considérer sans une grande appréhension la
retraite sur Salonique de la totalité des forces

occupant le front, que cette retraite constituerait pour l'ennemi et particulièrement pour les Bulgares un succès qui, au point de vue politique, aurait de graves conséquences... Nous ne sommes plus, disions-nous, au début de la guerre, et l'effet moral de cette retraite dépasserait de beaucoup celui de l'abandon des Dardanelles ».

On reprit la question à la conférence de Paris du 25 juillet. Sir William Robertson, chef d'état-major britannique, trouva cette fois en face de lui le général Foch qui se montra, comme son prédécesseur le général Pétain, très opposé à la diminution graduelle des effectifs de Salonique. L'avis du général Foch était aussi celui du général Cadorna. La guerre sous-marine continuait à causer des inquiétudes ; mais les pertes des navires en mai et juin étaient inférieures à celles du mois d'avril. La situation resterait très difficile jusqu'en octobre 1918, époque à partir de laquelle on prévoyait que les constructions iraient plus vite que les destructions.

J'avais pris sur moi d'inviter à la conférence non seulement la Grande-Bretagne et l'Italie, mais aussi toutes les nations alliées qui avaient des contingents dans l'armée de Salonique, la Serbie, la Grèce, et aussi la Roumanie. M. Lloyd George et M. Balfour, qui représentaient l'Angleterre, auraient préféré que la question ne fût discutée qu'entre ministres des grandes Puissances, sauf à recueillir l'avis des petits pays. Cela était peu conforme à l'idée de la future Société des nations qui doit être fondée sur l'égalité de tous les pays admis à en faire partie. M. Lloyd George défendit avec force l'idée du gouvernement anglais sur la nécessité de réduire l'occupation. « L'Angleterre, dit-il, soutenait seule le poids de la guerre contre les Turcs et elle n'avait que 480.000 hommes en Égypte et en Mésopotamie. Était-il raisonnable qu'elle maintînt dans les Balkans un effectif de 190.000 hommes ? » Les représentants de la France et de tous les pays appelés à la conférence furent d'avis qu'on ne pouvait sans imprudence réduire l'armée de Salonique et l'obliger à quitter le front pour se réfugier dans l'ancien camp. L'Angleterre se trouvait ainsi isolée ; mais la conférence ne pouvant prendre une décision qu'à l'unanimité, la discussion resta sans conclusion.

On aborda la question des occupations militaires que la France, la Grande-Bretagne et l'Italie avaient été amenées à faire sur le territoire de l'ancienne Grèce, de la Thessalie et de l'Epire. Cela donna lieu à une sortie très vive de M. Lloyd George à l'égard de M. Sonnino qui voulait réserver la décision du gouvernement italien.

Le ministre des affaires étrangères d'Italie ne se départit pas de son calme et se mit finalement d'accord avec nous et avec les ministres britanniques pour décider que les occupations des troupes alliées en Grèce prendraient fin dans le plus court délai. L'Italie fut autorisée à maintenir provisoirement une petite force armée sur le territoire compris entre la route de Santa-Quaranta et les frontières de l'Epire, sous réserve d'une entente avec le gouvernement hellénique pour le rétablissement immédiat des autorités civiles sous l'autorité du gouvernement de la Grèce.

M. Lloyd George nous proposa d'avoir à bref délai une nouvelle conversation à Londres sur la question de Salonique. Elle eut lieu dans les premiers jours d'août. La ténacité que nous mettions à défendre nos vues eut enfin un résultat. On tomba d'accord que le gouvernement britannique pourrait retirer une deuxième division en raison des responsabilités qu'il avait en Mésopotamie et Palestine ; mais le *War Cabinet* reconnut expressément « la nécessité de maintenir la force des armées alliées à Salonique ». Il s'engagea à ne pas retirer de nouvelles troupes, « à moins que des événements imprévus ne survinssent, auquel cas la question serait soumise à la discussion des Alliés ». Il ne fut plus question de nous enfermer dans le camp retranché de Salonique. Le front de Macédoine fut maintenu.

Que serait-il arrivé, si nous avions cédé à l'impatience de nos alliés et si nous n'avions pas résisté au parti-pris de l'état-major britannique ? L'offensive foudroyante que le général Franchet d'Esperey a lancée en septembre 1918 eût été impossible. La déroute de la Bulgarie qui s'en est suivie a précipité la débâcle autrichienne et frappé à mort la résistance allemande. Comme je l'ai souvent dit dans les réunions du comité de guerre et dans nos conférences avec nos alliés, et comme je l'ai répété à Londres en août 1917, il n'y a pas à la guerre de théâtre principal des opérations, en ce sens, tout au moins, qu'un théâtre secondaire peut prendre tout à coup une importance décisive. Un coup frappé dans la vallée du Vardar peut avoir sur le front occidental un retentissement qui hâte la décision finale. L'événement a montré que nous avions raison de nous obstiner à vouloir, en dépit des inquiétudes de la guerre sous-marine, maintenir notre front de Macédoine. Mais qu'il est difficile de s'accorder entre alliés, même quand on a le plus sincère désir de s'entendre sur toutes les questions !

VOUS voulez bien vous montrer, dans vos lettres, un peu surpris que le Cabinet, après avoir mené à bien l'affaire de Grèce et, grâce à la nomination du général Pétain aux fonctions de général en chef, rétabli l'ordre dans l'armée, n'ait pas trouvé dans la Chambre des députés un appui plus efficace et n'ait eu qu'une si brève existence.

La faiblesse du ministère a eu deux causes principales. Il a souffert, comme ses prédécesseurs, des déceptions et des inquiétudes dues à la prolongation de la guerre. Mais il a souffert encore plus des vices de sa constitution, et il devait nécessairement se dissoudre le jour où la retraite des socialistes amènerait un changement dans l'orientation de la politique générale. Le Cabinet que j'ai formé le 20 mars 1917 n'a été en réalité qu'un ministère de transition. Deux mois ne s'étaient pas écoulés, que j'éprouvais déjà des difficultés à tirer d'embarras devant la Chambre des députés le ministre de la marine et le ministre du ravitaillement. Le premier était le plus galant homme du monde et le plus appliqué à sa tâche ; mais il était brouillé avec la commission de la marine. On lui faisait grief, très injustement, de n'avoir pas réussi à arrêter les progrès de la guerre sous-marine. Il avait le tort de laisser trop voir son dédain des attaques dont il était l'objet. Le dédain est ce que les Chambres pardonnent le moins. Aussi l'amiral Lacaze était-il en passe d'être battu, si je n'avais pas cru devoir le couvrir et réclamer un vote de confiance que la Chambre ne voulut pas me refuser (8 juin). Il resta à son poste, parce qu'il ne pouvait pas le quitter au moment le plus critique des mutineries militaires, mais il mit dès ce moment sa démission à ma disposition.

Le ministre du ravitaillement avait la tâche la plus ardue et la plus ingrate. Il ajoutait lui-même à ses difficultés, en changeant trop souvent de méthode et en n'expliquant pas assez claire-ment les motifs de ces changements. Il avait dans M. Vilgrain, que je l'avais décidé à s'adjoindre, un collaborateur avisé pour le service des céréales. Il était moins bien secondé pour les services du charbon et des transports maritimes. Aussi dut-il

céder le premier de ces services à M. Loucheur
et le second à M. de Monzie, quand celui-ci
prit le sous-secrétariat d'État des transports
maritimes et de la marine marchande.

Le ministre de la guerre avait eu un succès
personnel dans la discussion à la Chambre des
députés et au Sénat des interpellations sur
l'offensive du 16 avril. Mais, comme je vous l'ai
déjà dit, cette discussion avait été, en elle-même,
fâcheuse. Le vote qui en fut la conclusion n'était
pas de nature à fortifier le ministère. Il y eut en
effet près de deux cents abstentions, et dans la
majorité il se trouvait bien des mécontents. Le
débat en séance publique avait passé du terrain
militaire sur le terrain politique, par la faute du
ministre de l'intérieur, M. Malvy, qui, déjà
menacé du côté du Sénat où l'attendait M. Clemenceau, avait imaginé de se faire interpeller
par M. Renaudel, dans l'espoir de provoquer
une manifestation de la Chambre des députés.
Son espoir fut déçu ; la majorité de la Chambre
l'accueillit avec réserve, et il eut à subir du côté
de la droite d'assez vives attaques. Il se refusa
à répondre à M. Barrès, qui lui demandait si
les rédacteurs du *Bonnet Rouge*, le journal
d'Almereyda, ne seraient pas jetés en prison.
J'intervins pour faire connaître à la Chambre
qu'un chèque avait été saisi à la frontière, dans

des conditions suspectes, entre les mains de l'administrateur du journal ; que j'avais fait ouvrir une information judiciaire, et que la publication du *Bonnet Rouge* avait été suspendue par ordre du ministère. J'ai eu l'occasion d'expliquer, depuis, comment j'avais appris, au cours d'une conversation avec le préfet de police, la saisie, puis la restitution du chèque dont l'administrateur du *Bonnet Rouge* avait été trouvé porteur. Le préfet de police, M. Hudelo, s'était conduit dans cette affaire avec une parfaite correction. Il a été injustement disgrâcié par M. Clemenceau. Je n'hésitai pas un instant à mettre l'affaire aux mains du procureur de la République. L'information judiciaire fit ressortir la culpabilité de Duval et de quelques rédacteurs du *Bonnet Rouge*. Duval a été fusillé. Je ne saurais trop regretter que, malgré mes réclamations presque quotidiennes en Conseil des ministres, le garde des Sceaux n'ait pas pu obtenir du juge d'instruction qu'il fît arrêter le trop fameux Almereyda dont la complicité avec Duval ne me paraissait pas, dès cette époque, laisser de doutes sérieux. Je n'ai jamais compris les objections qu'on m'a opposées. Si Almereyda avait été sous les verrous, l'attaque si cruelle de M. Clemenceau contre M. Malvy n'aurait pas porté, comme elle a fait, devant le Sénat. Son effet eût été d'avance conjuré. A quoi tiennent les destinées d'un ministère ?

Almereyda a été arrêté plus tard, — et je puis dire trop tard, — sous une autre inculpation. Sa mort en prison a donné lieu à toutes sortes de versions. M. Viviani m'a communiqué les rapports des médecins, et je dois dire que j'ai été convaincu, comme il l'a été lui-même, qu'Almereyda s'était donné la mort.

Deux incidents d'ordre secondaire prirent une importance qu'ils n'auraient pas eue, si l'atmosphère générale eût été meilleure. Je veux parler de la retraite de M. Nail, sous-secrétaire d'État de la marine marchande, qui aurait voulu avoir la direction du service général, nouvellement créé, sur la demande de la Chambre des députés, des transports maritimes et de la marine marchande. Je m'étais décidé à confier ce service d'une si grande importance à M. de Monzie. La raison de ce choix n'était aucunement politique. M. de Monzie avait été sous-secrétaire d'État de la marine marchande et il passait, non sans raison, pour être l'homme le plus capable de diriger le nouveau service, un des plus essentiels de la défense nationale. M. Nail refusa d'accepter un autre poste dans le Cabinet. Il avait des sympathies dans la Chambre. Elles se manifestèrent d'une façon que le président du

Conseil ne put considérer que comme un premier avertissement à son adresse. Il en reçut un autre, à peu près dans le même temps, à l'occasion d'une mission lointaine qu'il avait accordée, trop facilement, à un député, sur la demande du ministre des colonies. Ce sont là des incidents qui passent inaperçus quand le Cabinet a une majorité résolue à le faire vivre. Je sentais que nous n'étions déjà plus soutenus comme nous l'avions été au début du ministère. Trop de députés s'étaient abstenus dans le dernier scrutin. Je voulus me retirer et je fis part de ma décision au président de la République et au Conseil des ministres. Peut-être ai-je eu tort de céder aux instances qui ont été faites auprès de moi. Je ne donnai pas ma démission, et je refusai de provoquer — suivant l'usage en pareil cas — un débat sur la politique générale du Cabinet pour obliger la Chambre à manifester ses véritables intentions. J'ai toujours pensé qu'un vote, obtenu dans ces conditions, ne consolide pas réellement un ministère. Mon successeur à la présidence du Conseil en a fait l'expérience. Mais l'interpellation vint d'elle-même s'offrir à moi. M. Renaudel ne cessait pas depuis quelque temps de me harceler de questions pour marquer qu'il cherchait une occasion de se séparer du ministère. Il fit un discours qui manqua de vigueur et de clarté. Au lieu de me traîner dans une défense du Cabinet, je pris l'offensive et je mis en lumière les contradictions de M. Renaudel. Il reprochait au ministère de n'avoir pas assez de fermeté dans sa politique, alors qu'il cherchait lui-même à maintenir dans son parti un équilibre trompeur entre ceux qui voulaient poursuivre la guerre avec énergie et ceux qui, à Stockholm ou ailleurs, étaient prêts à s'entendre avec nos ennemis pour une paix de conciliation, c'est-à-dire d'abdication de la part de la France et de ses alliés. Mon succès fut très vif, et au vote le ministère recueillit 363 voix contre 61 et 56 abstentions, en faveur d'un ordre du jour qui confirmait celui du 5 juin.

Le ministère restait debout et pouvait paraître consolidé. Mais tel qu'il avait été constitué, il ne répondait plus à la situation nouvelle. Il eût fallu faire, sans le concours des socialistes et d'une partie des radicaux, un ministère nouveau. J'y étais convié par la presse de droite. L'*Action française*, qui m'a poursuivi, depuis, de ses attaques les plus violentes et les plus perfides, m'adressait des félicitations, sous la plume de M. Maurras. « Nous ne sommes pas les amis politiques de M. Ribot ni ses amis personnels ; mais, nous devons le dire, il a tenu hier un langage digne d'un chef du gouvernement français.

Le devoir de tout citoyen sera de l'en féliciter »
(3 août 1917). Mais après plus de trois ans de
travail écrasant et d'émotions qui auraient épuisé
la vigueur d'un homme plus jeune que moi,
j'étais trop las pour faire ce redressement qu'exi-
geait la situation. Le ministre de la guerre ne
m'aurait pas suivi, non plus que d'autres membres
du Cabinet. Je n'ai pas voulu tenter l'aventure.
Lorsque la Chambre et le Sénat se sont réunis
en septembre 1917, j'ai essayé de refaire le
Cabinet sans M. Malvy, qui avait donné sa
démission, et sans M. Viviani. L'opération a
échoué, parce qu'au dernier moment M. Albert
Thomas, qui m'avait promis son concours, a
retiré sa parole, et que M. Painlevé l'a suivi
dans sa retraite. J'ai éprouvé à ce moment un
véritable soulagement. J'étais au bout de mes
forces. Il eût fallu que je pusse me libérer complètement. J'ai cédé à M. Painlevé, qui, chargé
de faire un Cabinet, m'a demandé de garder le
portefeuille des affaires étrangères. Je m'y
suis décidé parce que M. Albert Thomas voulait
prendre pour lui-même ce portefeuille et qu'il
en faisait une condition du concours des socialistes. J'ai assisté à une scène des plus étranges,
quand, en présence des membres du Cabinet
déjà formé, M. Albert Thomas a posé son ulti-
matum à M. Painlevé et est parti en faisant

claquer les portes. M. Painlevé, qui n'avait pas voulu rester dans un ministère d'où les socialistes seraient absents, s'est résigné à faire un ministère sans leur concours. J'ai eu à regretter d'être entré dans ce ministère d'où je devais sortir seul quelques semaines plus tard, Mais ce sera pour une prochaine et dernière lettre.

LETTRE XXXVIII

M. PAINLEVÉ avait réussi à grouper autour de lui des hommes comme M. Léon Bourgeois, M. Doumer, M. Barthou, M. Jean Dupuy, M. Raoul Péret. Son ministère semblait avoir quelques chances de durée. Mais, dès le début, il se trouva aux prises avec les difficultés de l'affaire de M. Malvy, que la retraite de l'ancien ministre de l'intérieur n'avait pas fait disparaître. L'*Action française* menait contre M. Malvy une campagne furibonde. Un de ses rédacteurs avait, pendant que j'étais encore président du Conseil, raconté à M. Ma-

ginot une histoire fantastique de rendez-vous
qu'aurait chaque semaine M. Malvy avec un
agent de l'Allemagne. On précisait que ces ren-
contres avaient lieu à Vaucresson, aux environs
de Paris. M. Maginot me fit part de cette confidence. M. Léon Daudet, un des directeurs de
l'*Action française*, s'est vanté de connaître les
secrets de la police. C'est sans doute quelque
agent de bas étage qui lui aura apporté cette
nouvelle de la grande trahison de M. Malvy.
Depuis que j'ai passé en 1893 au ministère de
l'intérieur, je sais ce que valent ces histoires
que le service de la sûreté générale accueille
parfois avec trop de crédulité. Aussi n'ai-je pas
pris au sérieux la confidence qui m'a été faite.
M. Léon Daudet ne s'est pas découragé. Il a
écrit au président de la République une lettre
où il accusait M. Malvy de trahison et s'offrait
d'en fournir les preuves. M. Poincaré commu-
niqua cette lettre à M. Painlevé, président du
Conseil, qui s'empressa d'en donner connaissance à M. Malvy. Il semble que la seule chose
raisonnable qu'il y eût à faire était d'inviter
M. Léon Daudet à porter devant la justice sa
dénonciation, de manière que M. Malvy pût
en démontrer la fausseté. M. Malvy crut devoir
saisir la Chambre des députés en interpellant le
président du Conseil. M. Painlevé perdit son

sang-froid, se laissa tirer à droite et à gauche, et ne satisfit ni les amis ni les ennemis de M. Malvy. Je ne m'attarderai pas à vous rappeler comment à ce premier incident s'est mêlé le scandale de l'affaire du premier président de la cour d'appel de Paris, à la suite de l'arrestation de Bolo. L'atmosphère est devenue mauvaise pour le ministère, malgré les efforts de son chef et ceux du garde des Sceaux, M. Raoul Péret, pour remplir leur devoir.

C'est à mon retour d'un voyage à Verdun que j'avais fait avec le président de la République et le roi d'Italie, que je me trouvai amené à répondre à une interpellation sur l'ensemble des faits et gestes de notre diplomatie. Je n'eus pas de peine à obtenir un ordre du jour favorable. Je vous ai déjà dit, dans une précédente lettre, comment, à la suite d'une allusion imprudente que j'avais faite aux manœuvres de M. de Lancken auprès de M. Briand, un débat engagé en comité secret s'est terminé par le vote de l'ordre du jour pur et simple. Je n'ai pas songé alors à donner ma démission. Le débat ayant été secret, personne, en dehors de la Chambre, n'eût compris ma retraite. Cependant M. Franklin-Bouillon, qui venait d'entrer dans le Cabinet comme ministre d'État, vint me demander ma démission, — sans en avoir été chargé, ni dissuadé, me dit-il, par M. Painlevé. Vous conviendrez que la démarche était singulière. Au Conseil des ministres du lendemain, M. Painlevé et mes collègues me demandèrent de rester à mon poste. Le ministère devait se présenter tout entier devant la Chambre pour répondre à une interpellation sur sa politique générale. Il ne fut donc plus question de ma retraite. Mais, après avoir obtenu un vote de confiance, M. Painlevé me pria de lui remettre ma démission pour désarmer les rancunes de M. Briand et de ses amis. Vous pensez bien que j'avais quelque hâte de sortir du ministère. Mais je n'ai consenti toutefois à donner ma démission que lorsqu'il est devenu évident que si je persistais dans mon refus, j'aurais la responsabilité de l'ouverture d'une crise ministérielle. M. Painlevé avait, en effet, offert sa démission au président de la République, dans la pensée que M. Poincaré le chargerait de former un nouveau Cabinet. Mais le président de la République l'ayant averti qu'il réservait son entière liberté, il jugea prudent de retirer son offre de démission. J'ai donc, en m'effaçant volontairement, tiré d'embarras le président du Conseil. Ma retraite n'a pas d'ailleurs allégé la barque ministérielle. On s'en est aperçu dès le lendemain au vote qui a suivi une interpellation de M. Augagneur. Les jours du ministère étaient comptés, et tout le monde apercevait déjà la figure de M. Clemenceau que le président de la République était décidé à faire appeler à la crise prochaine, en oubliant ses griefs personnels pour ne songer qu'au salut du pays. Rien n'a été plus honorable de la part de M. Poincaré.

Arrivé à l'âge où je suis, après plus de quarante années de vie parlementaire, je puis regarder avec sérénité tout ce passé d'une existence laborieuse où j'ai donné à mon pays ce que j'avais de force et de bonne volonté. J'ai pendant la guerre fait mon devoir au poste où on m'a placé, sans aucun souci d'ambition personnelle. Si j'ai soulevé quelques inimitiés, je puis dire que je n'ai de haine contre personne. J'espère que de cette correspondance qui s'achève entre nous, il se dégage pour vous l'impression que durant ma longue carrière j'ai toujours pensé au pays plus qu'à moi-même. Je ne crois pas avoir d'orgueil ; mais, si j'en avais, je le mettrais à mériter l'honneur d'avoir été un des conseillers les plus fidèles et les plus sincères de mon pays. Il n'y a pas d'éloge qui pût m'aller plus au cœur que celui-là. Et puis, j'ai eu la suprême récompense pour les hommes de ma génération, celle d'avoir vu la France se relever de la défaite de 1870, sortir victorieuse, malgré ses blessures, de l'agression de l'Allemagne, rentrer en possession des provinces qui lui avaient été arrachées, reprendre sa place au milieu des nations. Cela ne vaut-il pas l'effort de toute une vie ?

Je vois les difficultés du présent et les dangers de l'avenir. Je vous en parlerai peut-être, si nous reprenons un jour cette correspondance où j'ai trouvé tant de plaisir et de réconfort. Mais j'ai confiance dans les destinées de la France, à condition que nous ne nous abandonnions pas nous-mêmes, et qu'après la victoire nous travaillions de tout notre cœur et de toute notre énergie.

TABLE

ACHEVÉ D'IMPRIMER
LE 10 MARS 1924
PAR F. PAILLART
A ABBEVILLE (SOMME)

CETTE MICROFICHE A ETE
REALISEE PAR LA SOCIETE

M S B

1992